蘇州全書

甲編

《蘇州全書》編纂出版委員會 編

·春秋三傳讞
·春秋攷
·石林先生春秋傳

蘇州大學出版社
古吳軒出版社

石林先生春秋傳卷第四

葉氏

桓公二

螽

記災也凡螽與雩同書以時書者皆志秋以月書者皆志八月九月十月害稼也書以時者其災長書以月者其災短以其十二月書者失蟄也

冬州公如曹

州公寰內諸侯王之上大夫也天子三公曰公嘗爲公而食其邑者亦曰公州公嘗爲公而食其邑者也外相如不書此何以書貳君也外此則無貳

君乎過我也爲天子之公而外交於諸侯以爲無君則可矣是以因其過我而一正之也

六年春正月寔來

寔王之中士也來來朝也何以不書朝不正其得外交故不書朝與祭伯之辭一施之也葉子曰三傳皆以是爲簡州公之辭夫周公既冬過我則來矣何至春而始書乎或曰州公以冬過我以春來朝若是則當如晉侯侵曹晉侯伐衛異事而複重不可以蒙上文如劉夏石尚以上士三命書名氏王人以下士一命略名氏則中士再命書名而不氏固其所也諸侯再命之大夫如無駭挾以卒見

柔以伐見溺以會見吳札秦術楚椒以聘見鄭宛莒慶以其事見春秋之通例也何獨至於王去弟疑之乎

夏四月公會紀侯于成秋八月壬午大閱

大閱者何冬習武事之名也何以書冬事而夏興之不時也且畏鄭云何以不書田其所志者習武事也

蔡人殺陳佗

稱人以殺討罪之辭也臣弒君在官者殺無赦以爲國人則皆得討之矣佗陳賊也蔡人何以亦得殺春秋之義也惡加於君親者天下之所共絕不

必國人而後行之也故蔡殺陳佗得書楚殺夏徵舒得書踰年之君稱爵佗立踰年矣何以不稱爵不成其爲君也齊公子商人弒其君舍舍未踰年之君也而成之爲君不成其爲君然後佗可得與其殺成其爲君然後商人可得正其殺

九月丁卯子同生

同莊公之名也嫡長也禮世子生接以大牢卜士負之士妻食之三月夫人以見於阼階而君親名之以告於太宰書而藏曰某年某月某日某生非世子皆降一等見於外寢而名以有司所以正嫡也舉之以禮則書不以禮則不書所以重嫡也不

曰世子未誓於天子也

冬紀侯來朝

七年春二月己亥焚咸丘

咸丘内邑也古者以季春出火季秋納火有田事則焚萊凡國失火野焚萊則有刑罰二月建丑之月也火未出而出曰焚咸丘火失其禁而遂以害其邑也其失火歟其焚萊歟災先言所而後言所災天火也見其火而已焚先言焚而後言所焚人火也有焚之者也葉子曰廄焚孔子退朝曰傷人乎不問馬鄉人爲火來者拜之以爲相弔之道焉咸丘焚國春秋之所重也

夏穀伯綏來朝鄧侯吾離來朝

穀伯鄧侯失地之君也諸侯失地以奔來者書以奔以朝來者書以朝失地則何以能朝猶不失其爲君者也古者謂是爲寄公或曰寓公寓公諸侯分地處之而不臣爲其所寓君服齊衰三月何以名內有君也何以再書來朝殊見也

八年春正月己卯烝

烝夏之冬祭也宗廟四時之祭春曰祠夏曰礿秋曰嘗冬曰烝建子烝節矣何以書爲桓公也桓棄父之命篡兄之位蓋無辭以見宗廟既取郜鼎納太廟矣復以五月烝踰冬而廢祠八月嘗先秋而

廢禴是豈以祭祀爲嚴哉其意若曰吾釋其薄而用其厚祖考其說乎君子是以爲誣雖祭而時猶不敬焉曰求豐而已矣葉子曰禴祠烝嘗于公先王周人之詩也周之先祖所以事其先公先王者雖亦以是四名不曰吉蠲爲饎是用孝享者乎祭莫厚於烝嘗莫薄於祠禴先王因其時而並脩之未之有擇也豈必其厚者以爲孝哉而桓公之祭見烝而廢祠見嘗而廢禴曰吾惟享而已矣豈其先祖所謂吉蠲者哉故烝而又烝君子察其重者而著焉易曰東鄰殺牛不如西鄰之禴祭實受其福桓公無以受其福矣

天王使家父來聘
家父王之下大夫也
夏五月丁丑烝秋伐邾
不言主帥内之微者也
冬十月雨雪
雨雪不志此何以志建酉之月也
祭公來遂逆王后於紀
祭公寰内諸侯王之上大夫也來來朝也祭公則何以來朝于我天子使我主紀婚祭公逆王后過我而朝也天子逆后以卿而公臨之祭公逆后固非矣内諸侯不外交祭公來朝於我亦非也故祭

伯書來寔書來祭公書來逆王后則何以言遂祭公受命往逆后過我朝而後王亦非也故以繼事之辭書焉遂繼事也齊伐楚侵蔡而後伐可侵蔡所以伐楚也祭公逆后朝我而後逆不可朝我非以逆后也

九月春紀季姜歸于京師

稱王后矣何以復曰季姜父母之辭也王者無外命之斯成后矣故逆曰王后未廟見父母未敢成之爲后雖貴以配天子猶曰吾季姜云爾故歸仍稱季姜京師衆大之辭也京大也師衆也不敢斥天子之名曰是天下莫衆且大焉者也

夏四月。秋七月。冬曹伯使其世子射姑來朝

曹伯何以使世子來朝攝也禮諸侯之嫡子誓於天子攝其君則下其君之禮一等未誓則以皮帛繼子男朝天子之節也朝天子有時有故不能朝則攝諸侯無相朝之道射姑而攝朝是仇天子之禮於諸侯也

十年春王正月庚申曹伯終生卒夏五月葬曹桓公

秋公會衛侯于桃丘弗遇

桃丘衛地也會兩相期也晉納捷菑而中已曰弗克納弗彼可得而我不欲之辭也宣公葬敬嬴而雨曰不克葬不我欲之而彼不得之辭也衛與我

期外我而不至我爲恥矣故書弗遇若我不欲見然殺恥也沙隨之會晉以僑如愬拒公而不見非我所恥矣故書不見公正彼之不見不恥也

冬十有二月丙午齊侯衛侯鄭伯來戰于郎

内言戰敗之辭也何以不曰及齊侯衛侯鄭伯戰于郎外爲志也魯以周班後鄭而鄭來伐然命魯者實齊也齊於是不能正又爲之出兵而衛亦佐焉二國之罪有大於鄭者故不以鄭主兵而變其文曰來來聘來盟來歸來奔可矣未有戰而可來者是以君子之惡戰也

十有一年春正月齊人衛人鄭人盟于惡曹

三國何以稱人大夫貶而人者也大夫則何以貶正大夫之始盟也大夫交政於中國自是其強矣故於始焉一貶之葉子曰惡曹之盟三傳皆不著其事而先儒有爲貶大夫之始盟者吾何以信其言哉前乎此有以諸侯而盟者矣未有大夫而盟者也後乎此有以大夫而盟者矣未有人而盟者也人而盟惟此與鹿上而見爾鹿上執宋公而貶諸侯者也春秋謹名惟稱人爲多義各主其事以別之微者稱人與衆稱人貶諸侯及大夫稱人此其大法也微者之盟不志既不得目微者以爲衆則不可貶諸侯則無事非大夫而誰歟大夫之同

盟衆矣其皆稱人者惟清丘一見左氏以爲貶晉原穀宋華椒衛孔達然則惡曹清丘其罪同春秋固正其法而一施之者也是以雞澤書叔孫豹及諸侯之大夫及陳袁僑盟君命之也溴梁書大夫盟君在而大夫自爲盟也各原其事而爲之辭矣則大夫之盟始於此宜於是焉而正之也故曰大夫之盟始惡曹大夫之會始北杏大夫之同盟始清丘皆貶而稱人是春秋之旨也

夏五月癸未鄭伯寤生卒秋七月葬鄭莊公九月宋人執鄭祭仲

祭仲鄭大夫之嘗入爲王卿士而復其國者也拘

而討罪曰執以伯討者稱君不以伯討者稱人以行人執者稱行人不以行人執者不稱行人祭仲非行人也鄭忽立宋莊公欲私其出突執仲使廢忽而立突不得爲伯討也故以人執爲人臣而專廢置君祭仲何以不貶言突歸於鄭則仲之惡不待貶絶而自見也葉子曰吾何以知仲嘗入爲王卿士歟古者諸侯無四命之大夫惟王大夫四命以字見春秋諸侯大夫以字見經者三宋孔父二王之後得備官也魯夷伯陳原仲死而君不名之也非備官而生見字惟鄭祭仲陳女叔爾蓋天子之命官初不別内外惟賢而有功德者則爲之故

諸侯而入爲王卿士者鄭武公父子爲司寇是也諸侯大夫入爲卿士雖不著於經而可以類見鄭武公以伯爲司徒其適周則復國而卒固當仍書鄭伯乃大夫則有加命矣是不得不與王大夫同書字也

突歸于鄭

歸易辭也突鄭莊公之庶子自宋入而取國挈乎祭仲而易也不繫鄭不與其得鄭也凡諸侯及大夫去國歸以其道而順者曰歸雖非其道而無難之者亦曰歸歸順辭也亦易辭也歸非其道而逆者曰入雖以道而有難之者亦曰入入逆辭也亦

難辭也

鄭忽出奔衛

諸侯失國曰出奔大夫失位曰出奔諸侯有國而國人所尊者也大夫有位而國人所禮者也諸侯不能有其國棄其宗廟社稷而至於出不見尊於國人去之不以道而至於奔其亦不足以君矣故雖有伯逐之者未必皆其罪而與大夫之辭一施之所以重君也此鄭伯也何以不言爵未踰年也未踰年則何以不稱子不周乎喪也何以名別二君也葉子曰諸侯在喪之稱吾既言之矣一年不可以二君故未踰年之君未葬皆不以爵見内稱

子其子般子野卒外稱子宋襄公以宋子會于葵丘陳懷公以陳子會于召陵是也未踰年雖既葬内亦稱子不名子赤卒稱子卒外亦稱子衛成公以衛子會盟于洮是也曠年不可以無君故踰年之君既葬稱爵鄭厲公以鄭伯會武父是也雖未葬亦稱爵衛惠公以衛侯會諸侯及魯戰宋共公以宋公會諸侯伐鄭是也未踰年而有事於諸侯不周乎喪而用吉禮則稱爵以見貶齊頃公以齊侯使國佐來聘鄭悼公以鄭伯伐許邾隱公以邾子盟于拔是也未踰年見迫逐不周乎喪而出奔則奪其子以見貶鄭忽出奔衛是也踰年見迫逐

不周乎喪而出奔則奪其爵以見貶曹羈出奔陳莒展輿出奔吳是也聘伐盟會雖有貳事猶云可也故如其意書爵以著其實而已三年之喪人子所以盡其愛於其父母者也去而之他彼受於其父者且不得有何有於哭泣之哀祭祀之思乎故子而不能子則奪其子君而不能君則奪其爵春秋之義也至於名則凡出奔者皆書焉蓋追逐者必有與之爭國者也內亦一君也外亦一君也不名則無以爲辨故國滅而奔不名譚子奔莒弦子奔黃溫子奔衛是也奔雖有君不自居而攝亦不名衛侯出奔楚是也皆內無君者也然則名固所

以別二君也而先儒乃謂諸侯不生名失地滅同姓則名之殆見其文而不知其說也夫失地說以出奔著其罪矣而且名焉是一罪而再貶非春秋之法記禮者之失也

柔會宋公陳侯蔡叔盟于折

柔吾大夫之再命者也蔡叔蔡侯之弟也叔字也蔡侯何以得字賢之也葉子曰吾何以知蔡叔之爲賢歟凡諸侯兄弟尊之則稱公子故大夫三命以氏見公子之尊視大夫亦三命而後氏也親之則稱兄弟故或奔亡而責以恩或盟聘而譏以私則稱兄弟也其不以公子兄弟見者惟許叔紀季

蔡季與此而四爾四人之事雖不盡見於傳以紀季許叔之事推之則非賢無以得字也蔡季爲國逆而國人嘉之雖未嘗爲君然雍容進退於封人之際如何休所言是亦賢也蔡叔以類考其必有取於春秋者歟諸侯大夫會盟非其君命未嘗不見貶溴梁書大夫盟是也其不見貶者皆受之於君也此爲封人之會方是時封人無以君其國雖蔡季且避其害而出奔而蔡叔乃能將君命以會諸侯自是訖獻舞敗于荆諸侯無加兵於蔡者十六年意者蔡叔之爲政或有以爲之圖而傳失之歟

公會宋公于夫鍾冬十有二月公會宋公于闞

十有二年春正月夏六月壬寅公會杞侯莒子盟于曲池秋七月丁亥公會宋公燕人盟于穀丘

燕南燕也人微者也

八月壬辰陳侯躍卒公會宋公于虛冬十有一月公會宋公于龜

公始以柔會宋未幾復自會于夫鍾于闞于穀丘夫鍾郕地闞魯地穀丘宋地也公之求于宋亟矣及是復會于虛于龜虛龜皆宋地而公即之公之求於宋益亟矣蓋自隱以來我之相與爲厚薄者惟宋與鄭黨鄭則伐宋善宋則伐鄭至郎之戰懼

鄭之謀已故亟於求宋宋得其情而虛龜之會遂辭平公無望於宋矣則反而求鄭以爲武父之盟而成伐宋之役明年再會又明年復會其求於鄭者亦如是其亟鄭適有突之亂知其不足恃乃復從宋而代之孰有立國如是而可久者乎暴戾則無親失道則寡援君子是以知桓之不終也葉子曰是在周易所謂莫益之或擊之立心勿恒凶者歟孔子傳之曰君子安其身而後動易其心而後語定其交而後求君子脩此三者故全也恒之失常不可以求全矣闕二葉

葉氏春秋傳卷四

十二

通志堂

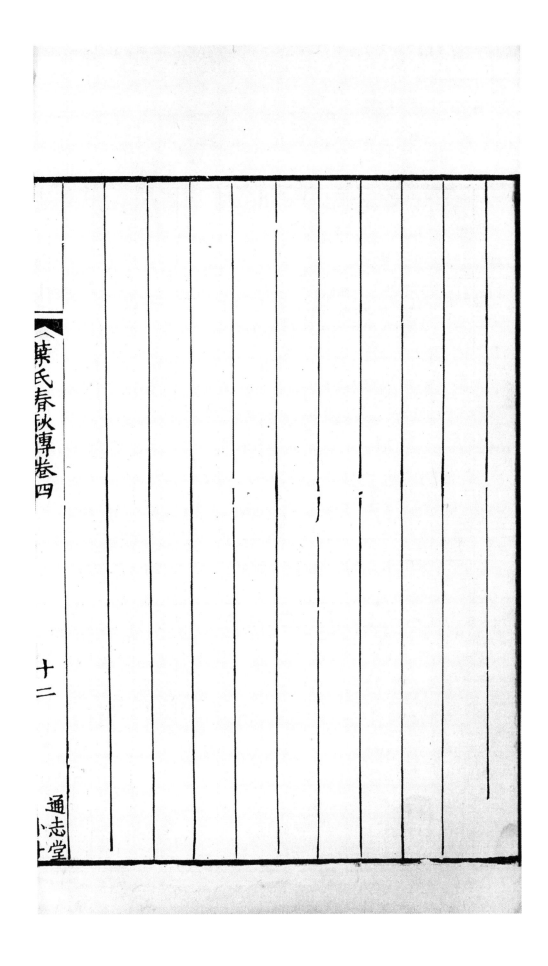

十五

葉氏春秋傳卷四　十三　通志堂

記異也不書日蒙上文冰以孟冬始冰仲冬壯季冬盛二之日鑿冰沖沖壯也凡書以時者志春書以月者志正月二月春包三月也時不志冬始冰則或未冰也春不志三月以解凍則不冰也

夏五

不書月闕也經成而後亡也
鄭伯使其弟語來盟秋八月壬申御廩災
御廩藉田之所藏也古者奉天地宗廟天子親耕
千畝諸侯百畝以供粢盛廩於藉之東南鍾而藏
之大祭祀則廩人供焉御廩災書重神事也凡天
火曰災人火曰火
乙亥嘗
不書月蒙上文嘗秋事建未之月嘗失時也
冬十有二月丁巳齊侯禄父卒宋人以齊人蔡人衛
人陳人伐鄭
伐何以言以己不能敵而假人以為用也伐者討

罪之辭也伐不服必至於戰戰伐自諸侯出固罪矣況假人乎諸侯有不協上請於天子則有天子之師下請於方伯則有方伯之師正也德不足服於人而以人義不可服於人而爲人所以是謂以私濟私皆失政也四國何以皆稱人微者也時齊侯卒矣而未葬齊非君則三國亦非君也宋公何以稱人貶也殘人之宗廟以大宮之椽爲盧門之椽君子以爲與吳入郢者何擇故吳子與國宋公稱人其罪一也葉子曰魯有齊怨而以楚師先書公子遂乞師於楚而魯之師無見焉已不能敵人也蔡有楚怨而以吳子後書吳入郢而蔡之入無

聞焉假人以爲用也此春秋之義也

十有五年春二月天王使家父來求車

求取不足於人也天子有賜無求諸侯有貢無與古者邦國九貢車有器貢用有貨貢諸侯不貢而伐之正也不能伐之又從而求焉器不足而求車用不足而求金以是居人上非所以王天下也

三月乙未天王崩夏四月己巳葬齊僖公五月鄭伯突出奔蔡鄭世子忽復歸于鄭

忽何以稱世子言子則喪已除言爵則雖踰年而不居位與之以君存之稱所以别于突而明正也何以言復歸凡諸侯出奔言復歸諸侯世國者也

雖失位而不可絕歸則復矣大夫出奔言歸大夫不世官者也去位則絕矣故諸侯無歸大夫無復歸諸侯而言歸者與其復而奪之也衞侯鄭歸于衞是也大夫而言復歸者有挾而復不正其歸也衞元咺自晉復歸于衞是也葉子曰世之君在之稱也春秋有君薨而稱世子者三鄭世子忽正其爲世也衞世子蒯聵辨其當世也蔡世子有與其能世也天下莫大於名分事在名則正名以定其實事不在名則假名以正其實春秋之義也

許叔入于許

許叔許男之弟也叔字也許叔何以得字賢之也

鄭莊公入許奉許叔居東偏以其大夫公孫獲居西偏鄭亂許叔乘之以復其國幽之盟許男遂見焉許君失之許叔復之君子以是爲賢也何以不言許男得國而未君也蔡侯盧陳侯吳得稱爵王命復之則君也許叔未受命可以復許未可以君許必君命而後得爵也何以言入難也國已分矣乘人之亂而幸得焉其復之道爲難也

公會齊侯于艾郳人牟人葛人來朝

累數旅見也滕薛以兩國旅見累數之則貶矣郳牟葛以三國旅見且桓公非所朝也累數不足見貶故皆人之

秋九月鄭伯突入于櫟

櫟鄭邑也何以不言入鄭未得鄭也何以不言歸難也突之奔蔡欲殺祭仲而不果及是祭仲之援絶矣其歸之道爲難也諸侯雖入其封内而未得國則不名未正其爲君也衞侯入於夷儀是也突何以名疾之也非諸侯之所納非國人之所逆因櫟人殺其大夫檀伯而竊居之以是而求復國雖曰盜可也

冬十有一月公會宋公衞侯陳侯于袲伐鄭

袲宋地也此伐忽以納突也突入櫟而未得鄭諸侯會而納焉會而伐不言地此何以地疑也忽正

而突不正故諸侯以爲疑先會於袲而後伐之非會伐也疑而相與謀也卒弗克納而還則亦不果於納也

十有六年春正月公會宋公蔡侯衛侯于曹夏四月公會宋公衛侯陳侯蔡侯伐鄭

此復以納突也宋前以突背已會齊蔡衛侯四國之師以伐之雖殘其宗廟而不以爲過不五月突奔而忽歸乃復合衛陳蔡三國之君而突納此宋公馮之所爲也馮前黨於衛州吁而伐鄭今復黨於突而逐忽三國亦靡然從之而不敢違莫惡於弑而馮與黨莫悖於弑而馮與納此亦不待貶絶

而罪自見也葉子曰鄭忽自是不復見矣忽弑與子亹子儀之弑終於突復立皆不見於經而出其東門國風獨著之或者以爲春秋有所絶而不書非也春秋據魯史鄭亂不以告則魯不得書於策魯史所無有則春秋安得而見哉春秋因人以見法不求備於史而著其人故曰其事則齊桓晉文其文則史而左氏間見經所無之事者非魯史也蓋參取他國之史而傳之學者不悟因謂春秋有所擇焉而妄爲之説者左氏誤之也

秋七月公至自伐鄭冬城向

不時也

十有一月衛侯朔出奔齊

十有七年春正月丙辰公會齊侯紀侯盟于黄二月丙午公會邾儀父盟于趡夏五月丙午及齊師戰于奚六月丁丑蔡侯封人卒秋八月蔡季自陳歸于蔡

蔡季蔡侯之弟也季字也蔡季何以得字賢之也蔡封人卒蔡人召季於陳陳人歸之蔡人嘉之君子以是爲賢也凡外有奔曰自某歸于某葉子曰吾何以知蔡季之爲賢歟春秋大夫言自而歸者二宋華元自晉歸于宋衛孫林父自晉歸于衛是也公子言自而歸者二陳侯之弟黄自楚歸于陳楚公子比自晉歸于楚是也然其先必見奔故華

元書出奔孫林父書出奔黄書出奔比書出奔惟蔡季見歸不見奔夫奔之爲言惡也皆非以道去其國者魯公子友書季子來歸而不見奔魯公子之奔未有不書於策者也葢以非其罪有不得巳而出故君子特變其文曰季子來歸志魯人之喜也蔡季處於封人獻舞之間亦難乎其免矣公子無去國之道而出不言奔其還則蔡人召之進退必有類於魯友歟何休以季爲封人之弟封人無子而季當立封人欲立獻舞疾害季季避之陳返而奔其喪思慕三年無怨心其言略與左氏合雖無所經見而有近乎春秋也

癸巳葬蔡桓侯

桓侯何以不稱公罪臣子也葬者臣子之終事疾其君不以主人之辭稱焉君子以爲不臣也葉子曰五等諸侯臣子皆得稱公吾固言之矣古者大夫卒將葬必請其易名者於君而後君誄之諸侯卒將葬必請其易名者於王而後王誄之周道也王誄而賜之謚則各以其爵而臣子必加之於所稱以示其尊焉主人之辭也然春秋之世有君失其君而不得稱者齊商人弑舍公子元不順其正終不曰公曰夫巳氏此周之末造也桓侯封人也有季之賢而不能立乃以與獻舞或者蔡人以是

罪之歟乃衛人不君宣公而刺之以蘧篨戚施鄭
人不君昭公而刺之以狡童君子不以爲甚而載
之國風以國人刺之風其上則可以臣子貶之奪
其君則不可春秋所以不懲不恪也古之人蓋有
知其說者而不能盡或者乃反以爲與其正是未
知諸侯得稱公之義也

石林先生春秋傳卷第四

後學　成德　挍訂

巴陵鍾謙鈞重刊

石林先生春秋傳卷第五

葉　氏

桓公三

及宋人衛人伐邾

及不言主帥内之微者也猶曰及江人黄人伐陳爾然則非公歟非也公可及人以盟不可及也以伐盟君事伐臣與將焉也

冬十月朔日有食之

十有八年春王正月公會齊侯于濼公與夫人姜氏遂如齊

濼齊地也會齊侯夫人之意也不書以齊侯爲主

也於是書與夫人遂如齊焉與猶許也必有先之而後與之遂繼事也見濼會之在是行也夫人不婦而後欲爲會強公以適齊公不夫而後不能制夫人與之如齊以成其意故不言及言與以繼事之辭見也

夏四月丙子公薨于齊

公薨内言寢言臺下言楚宫所以正終也有不言者焉隱書壬辰公薨閔書辛丑公薨用以見其弑也諸侯薨于國外地春秋之常也桓公薨于齊齊侯實殺之以夫人爲與則春秋舉重宜必以夫人首惡然正地於齊曰薨於齊而無異文則夫人非

與聞乎弑也齊人殺之而已故以諸侯薨於國外之辭一施之葉子曰吾何知夫人之不與聞乎弑歟夫弑臣子之辭也不可施之於齊夫人之初譎桓公以告齊侯爾以桓公爲不能制夫人使極其惡無所忌憚而反譎之可也然何意於桓公而遂欲殺之歟則公子彭生之事謂夫人爲與謀不可也弑大惡也春秋正名定罪不以疑用法公子彭生之事既不得以夫人爲與聞則可言齊侯殺桓公不可言夫人弑桓公雖欲加之辭有不能焉如是而後魯臣子之責與夫人之罪可言矣

丁酉公之喪至自齊

公薨于齊非正也故辭閒容緩之之緩辭也不與
其正之辭也
秋七月冬十有二月己丑葬我君桓公
外葬以往會爲辭故曰葬某公内葬以來會爲辭
故曰葬我君桓公桓何以得葬葉子曰桓公之葬
不葬在法之爲弑不弑學者皆臆以桓爲弑吾不
知其罪在齊侯歟夫人歟而公羊曰賊未討何以
書葬讎在外也讎在外則何以書葬君子辭也穀
梁曰君弑賊不討不書葬此其言葬何也不責踰
國而討于是也二氏皆以爲讎在外不責踰國而
討則以齊侯言之也夫齊侯安得爲弑哉當討不

討義也能討不討力也使齊侯不爲弒則春秋雖欲責之討固不可若誠爲弒莊公雖不能討桓公固不害不葬以正其義乃以踰國不盡其責而爲之辭則何以爲春秋春秋有復讎有討弒言讎則不爲弒言弒則不爲讎二名不可以相亂弒則凡國之在官者皆得以殺而君父之讎不共戴天有遠之以使避無責之以必討曰殺之者無罪云爾桓公之死則由夫人桓公之弒則非夫人夫人之惡固不可容於魯然於莊公則猶母也旣不可伸父而屈母又不可念母而忘父爲莊公與魯之臣子者則如之何正齊侯之罪而告於王曰請以諸

侯之師討焉暴内陵外則擅之先王之刑也而莊公不能乃歸獄於彭生而請於齊齊人於是殺彭生則於桓公之讎亦有辭矣而夫人所以滅天理而亂人倫者其責猶在固不害桓公之葬也二氏不知齊爲己殺彭生故亂讎弑之名而不能辨併君子而誣之烏在其爲言春秋哉

莊公一

元年春王正月

不書即位繼故也繼故不書即位有不忍於先君也凡死不以其正者皆曰故

三月夫人孫于齊

孫內辭也內不言奔若曰不有其位而自去云爾
何以不言姜氏貶也桓公之死魯人既已伸於彭
生矣其所以死則夫人與有罪焉者魯人未之釋
也夫人於是走之齊亂兄弟之倫而絕於人滅夫
婦之義而絕於天春秋於是焉而正之也葉子曰
有春秋之教有春秋之法法者行之其人教者施
之後世不以法廢教曰夫人矣則不可謂之奔故
言孫不以教廢法則夫人之罪不可容于魯不得
書其名故不書氏

夏單伯逆王姬

單伯逆王姬左氏以爲送公羊穀梁以爲逆當從

二氏單伯吾附庸之君也古者上公皆有孤一人以其附庸之君為之四命執皮帛眡小國之君與王之大夫等皆以字見單國也伯字也故宋有蕭叔魯有單伯然則魯何以得有孤魯侯之賜也葉子曰吾何以知單伯之為魯臣歟凡王臣交於諸侯他國不言使劉夏逆王后于齊是也來我必言使天王使凡伯來聘是也是所以辨内外也單伯果送王姬則何以不言使乎然則天子嫁女使諸侯同姓者主之常事也魯諸公之主王姬者必有矣其不每見於經以為常事則不書也有以主之必有以逆之則單伯何以特書乎莊公在喪且與

讎人通婚姻非道也莊公不得主則單伯不得逆若爲王臣送女而得禮則春秋不書矣吾以是知單伯之非王臣也

秋築王姬之館于外

外國外也主王姬者必自公門出於廟則尊於寢則嫌於羣公子之舍則已卑必爲之築館禮也然先君死于齊而喪未除以仇讎則不可接婚姻以衰麻則不可服弁冕魯可以辭矣不能辭而築館于外知其不可而爲之者也

冬十月乙亥陳侯林卒王使榮叔來錫桓公命

榮叔王之下大夫也禮諸侯即位三年喪畢以士

服朝天子錫之韍冕圭辟然後歸以臨其民謂之受命未冠未能朝或有故不能朝則天子遣大夫即其國而錫之謂之錫命受命常事不書錫命非常事書桓已葬而錫命則桓未嘗朝不受命而追錫之也王者繼天而能賞罰者也王失其賞罰則不足以繼天王矣故王去天葉子曰諸侯之所聽者王也諸侯不能正則去王王之所聽者天也王而不能天則去天古之誅天子必於郊爲其有善非臣子所能褒也則其貶也夫誰敢當之其亦必天乎去天所以示爲天之所絕也用是見有不能於天而天絕之者雖天子亦不得免也

王姬歸于齊

自我主之故自我歸之

齊侯遷紀郱鄑郚

移其人民墟其城郭謂之遷郱鄑郚者何紀之三邑也遷邑不書此何以書蓋紀自是亡矣爲紀侯言也凡自遷者己欲也故書曰某遷於某人遷之者非己欲也故書曰某人遷某某師遷某以人遷者驅之以師遷者脅之凡遷之志皆惡也

二年春王二月葬陳莊公夏公子慶父帥師伐於餘丘

於餘丘國也公子慶父吾大夫之三命者也

秋七月齊王姬卒

外夫人不卒此何以卒以我爲之主而喪之也葉子曰是禮所謂由魯嫁故莊公爲之服大功之服歟王姬無服爲其嘗爲主故視姑姊妹而服大功則魯前主王姬者未之服矣王臣以我主猶爲之服豈我主王姬而反不服之乎此變之正也或曰是禮廢而莊公能舉之也

冬十有二月夫人姜氏會齊侯于禚

禚齊地也諸侯爲會而僭天子且不可况夫人爲會而亂諸侯乎會非夫人之禮會齊侯於罪之中又有罪也前書公與夫人如齊不告至而見孫與

喪俱至也今書孫于齊不告至而見會不敢告至
也蓋夫人無辭以見其宗廟矣於是乎廢之用是
見春秋有不告至而不書者當告而不告其罪怠
不敢告而不告其罪誣各於所不告觀之則著矣
葉子曰是詩所謂不能防閑其母者歟魯之事君
子所難言而春秋之法不可以不正故詩國風十
有五而魯不與非無詩不可道也然敝笱猗嗟之
詩附于齊蓋魯不可道猶將以齊見焉是以桓書
遂與夫人如齊則敝笱所刺者是已莊書夫人姜
氏會齊侯于禚則猗嗟所刺者是已詩言其情春
秋著其法言其情者曲而顯著其法者盡而深

乙酉宋公馮卒

三年春王正月溺會齊師伐衛

溺吾大夫之再命者也

夏四月葬宋莊公五月葬桓王

内葬曰葬我君某公爲我書也葬天子曰葬某王辭無加焉爲天下書也

秋紀季以酅入于齊

紀季紀侯之弟也酅紀季之邑也何以稱字賢也齊取郱鄑郚則紀不可立矣紀侯將大去其國則是無紀也紀季告於紀侯以其邑入齊爲附庸以後五廟及其姑姊妹則紀可以不亡矣此紀季所

以爲賢也以紀季爲權於義則可以紀季爲順於道則不可故書入逆辭也葉子曰吾何以知紀季告於紀侯而後入齊歟邾快以漆閭丘來奔春秋書以叛使紀季而不告於紀侯雖以存紀與邾快何異夫惟紀季入齊而後紀侯可以去其國則紀季不失其爲仁紀侯不失其爲義昔者紂將亡微子告於父師曰今殷其淪喪今爾無指告予顚隮若之何其父師曰商其淪喪我罔爲臣僕詔王子出迪人自獻于先王微子於是抱祭器去之周武王封於宋以立商後微子與比干並稱仁比干以罔爲臣僕而死紀侯以罔爲臣僕而去君子以紀

侯似比干以紀季似微子是以紀季特書入紀侯特書去皆不以爲奔焉此君子之善善以别嫌明微者也

冬公次于滑

次兵止不進也有師次有公次何以或言師次或言公次君將不言師公次師亦在焉次非用師之道有伐而言次者有救而言次者有侯而言次者其出猶有名未有無事而言次君子以爲輕用其身而妄勤其衆故内外之辭一施之慮善以動動惟厥時商之所以興也

四年春王二月夫人姜氏享齊侯于祝丘

諸侯相見於廟中則有饗犧象不出門嘉樂不野合諸侯不以外相交則示不以外相饗故諸侯無言享夫人而行之祝丘甚矣禚齊地言會則外爲志焉祝丘魯地蓋齊侯來而我享之内爲志也以禚視祝丘則地愈逼以會視享則禮愈厚蓋莊公不能制其母而後夫人得以極其欲莊公亦已病矣

三月紀伯姬卒

内女書卒喪之也天子諸侯絕朞大夫絕緦天子女而適二王後諸侯女而適諸侯則爲之服而喪之禮也喪之故卒之

三百八十五

夏齊侯陳侯鄭伯遇于垂紀侯大去其國

大猶盡也盡無麥禾曰大無麥禾盡去其國曰大去其國齊將取紀紀侯義不下齊使紀季入齊以後紀盡委衆而去之不殘其民不滅其國不辱其身君子以爲輕其所爭守其所不爭則天下之爭奪可息故以紀侯一見之紀侯視天下猶紀也故不言出內不迫於國人故不言奔言不託於諸侯故不言其所往國雖去而猶存也故不言滅無君而莫之別也故不言名葉子曰國君死社稷大夫死衆士死制禮歟禮也大夫去位止之曰奈何去宗廟也國君去國止之曰奈何去社稷也紀侯何

以得去其國昔者孟子嘗謂瞽瞍殺人而舜逃之海濱棄天下猶棄敝屣終身訢然樂而忘天下其不得於瞽瞍視天下悅而歸己猶草芥也夫天下亦大矣而舜失之不爲憂得之不爲喜曰吾固有重於天下者云爾齊之欲紀自祿父以來謀之久矣紀侯以魯婚姻之國而求於魯於是爲成之會而桓公無能爲猶朝桓公以固好又薦女於天子季姜歸於京師紀可以少安矣而齊侯曾莫之畏方取其三邑則齊非得紀終不已也天下有道比小以事大天下無道衆暴寡強陵弱而天子不能討諸侯不能救紀侯獨奈何哉以爲人也則力不

能抗以爲天也則非人所能爲爭地以戰殺人盈野爭城以戰殺人盈城紀侯不爲也則曰是欲得者紀而已夫紀安足爲我累絜其身而去之雖伯姬之喪且不顧紀侯蓋自是隱矣兹不亦訢然樂於海濵視天下猶敝屣者歟不可去者禮也可去而去者義也惟天生民有欲無主乃亂推紀侯之義可使天下皆無欲則雖無與爲之主而亂無自而萌民使至於老死不相往來可也

六月乙丑齊侯葬紀伯姬

紀已亡矣伯姬何以得葬齊侯葬之以説紀也葬臣子之事也齊侯知取紀之爲愧不知奪人之國

身行其臣子之事爲尤愧也君子於是著之焉葉子曰外夫人不葬然歟曰然謂諸侯之夫人也内女嫁爲諸侯妻則書葬所以别内而示恩也然而鄫季姬不書葬蓋以貶子叔姬杞叔姬不書葬蓋以出故紀伯姬叔姬宋共姬皆得葬公羊穀梁乃以爲隱此三人而特書父母之於子兄弟之於姊妹一也豈有見其死無故則不隱之者乎此知外夫人之不葬而不知内女之有别也

秋七月冬公及齊人狩于禚

齊人者何齊侯也齊侯殺人之父而通其子莊公忘父之怨而與其讎人齊侯所以人公也主王姬

天子命之可也會于禚享于祝丘夫人爲之可也狩於是則公無辭矣凡諸侯與公並見而人者公亦與人也

五年春王正月夏夫人姜氏如齊師

師不言如如師者請師也必有事焉然後請之故鞌之役齊使國佐如師纔一見焉亦巳希矣未有婦人而如師者也會于禚享祝丘固非矣然猶有以爲禮也如師豈禮之謂乎國佐如師不地地於鞌也此前未有言如師者何以不言地所以爲罪者不在地也

秋郳犁來來朝

郳郳之别國而未盛其國後爲小邾者也犂來郳君之名附庸之君以字見犂來書名不滿三十里之國也

冬公會齊人宋人陳人蔡人伐衛

伐衛者何納朔也何以不言納不與其納也朔雖宣姜生然諸侯不得再娶則朔不得爲嫡子況殺二公子乎四國稱人微者乎非微者也左右公子立黔牟而逐朔葢必請之於天子矣故王人子突救黔牟逆王命而黨朔皆貶而人之者也

六年春王正月王人子突救衛

王人微者也子突字也五國黨朔而伐衛王不能

正乃使子突救焉救非王之道然視不救猶愈矣故字子突一見正也葉子曰臣無褒貶其君之道王之善惡春秋不敢遽加也各因乎人以見之而已故茍有過也宋渠伯糾貶以名茍有善也王人子突褒以字

夏六月衛侯朔入于衛

入逆辭也凡諸侯失國而歸皆書復歸宜其爲君者也朔非王命則不宜君而其入爲逆矣故雖位未絶而不書復不與其復也不曰自齊入於衛諸侯與有力也

秋公至自伐衛螟冬齊人來歸衛俘

衛俘公羊穀梁作衛寶左氏作衛俘當從左氏寶亦俘也古者天子分寶玉於同姓以展親分遠方之職貢於異姓以昭德之致故同姓之國皆有寶齊以納朔取衛寶以爲賂欲分謗於我而我納焉我則過矣而齊爲首故正其名曰來歸郜鼎我志也則書取衛俘齊志也則書歸葉子曰伐三朡而俘寶玉以湯則可也齊安得取於衛勝商邦而班宗彝以武王則可也齊安得歸於我

七年春夫人姜氏會齊侯于防夏四月辛卯夜恒星不見夜中星隕如雨

記異也恒星經星也宜見而不見宜隕而不隕是

異也日之食也非自食有食之者而不可知也故先言日而後言有食星之孛也初無是星也見其星而後知其孛也故先言有星而後言孛恒星不見夜中星隕如雨其不見也非有蔽之者也其隕也非有墜之者也故直言不見與隕而不言有日中者一日之中夜中者一夜之中言晝夜者不以時義不在焉也如雨衆多如雨然

秋大水無麥苗

記災也秋夏之建午建未建申之月也麥成而稻苗大水則皆敗矣故曰無凡稻苗而後秀秀而後實

冬夫人姜氏會齊侯于穀

穀齊地也夫人與齊侯八年而五相求自始孫于齊見一貶其後不復貶惡惡不再貶也葉子曰吾讀載馳之詩始曰齊子發夕已而曰齊子豈弟是在禚祝丘之際猶可也繼曰齊子翱翔終之以齊子遊敖則無復忌憚矣故如師又會防又會穀則所謂盛其車服疾驅於通道大都播其惡於萬民者也是詩與南山皆刺襄公而每以魯道有蕩齊子爲言非惡於我與南山始惡之詩也故言大夫見其微而去之載馳極其惡之辭也故言不可掩而播於萬民夫見惡於萬民則春秋如師之意防

與穀之會又何責焉

八年春王正月師次于郎以俟陳人蔡人

師者何我師也何以不言將將卑師衆也陳人蔡人陳蔡之微者也次何以言俟不正其以衆暴寡欲邀人而幸其捷也陳蔡出兵魯人以師邀諸塗設伏以覆之歟據險以掩之歟王者之兵貴正不貴奇貴義不貴利不正勝猶譎也不義獲猶貪也

葉子曰次非用師之道也有伐而言次者不怙其強退以待其成如齊侯之於楚書曰次于陘則伐之善者也有救而言次者形勢相持以爲之援如叔孫豹之於晉書曰次于雍榆則救之善者也無

事而次以俟人君子以爲譎與貪而已矣

甲午治兵

治兵者何秋習武事之名也何以書不時也古者以春蒐振旅而教其出以秋獮治兵而教其入而楚子玉治兵於睽則不必以獮凡師出則爲之矣晉文公振旅凱以入則不必蒐凡師入則爲之矣非禮也此郎之師俟陳人蔡人不至故假治兵以爲之名將還以圍郕而以春興之也葉子曰禮内事用柔日外事用剛日巳卯癸乙亥嘗皆柔日也壬午大閱甲午治兵皆剛日也以爲猶有先王之制焉故因其日之可見者而見之是謂君子愼而

知其善成人之美不成其惡也

夏師及齊師圍郕郕降于齊師

是還而圍郕者也何以不言遂公還之也郕文王之昭同姓也圍之則將取之矣勞民而動衆君子有不得已以師出爲無名而還以取人況同姓乎郕降于齊師出無名還無義曰寧降于齊師爾則義不足以服之也葉子曰吾何以知是爲郎之師歟凡圍不言及及圍猶及戰也春秋之義以主戰者及戰者曰吾志乎爲此戰云爾是果爲齊志則言會不當言及今以我及非吾師還而何穀梁不察乎此而歸惡於齊乃謂不使齊師加威於郕我

伐同姓而益齊以爲辭固非矣公羊諱滅同姓而辟之是我實滅而嫁其惡於齊惡足爲春秋乎

秋師還

師未言還者於是乎言還危之也還者返乎彼之辭也越三時而暴兵於外始侯人而不至終圍人而不服以我爲危不得返也君子以爲郕之師幾鄭之師鄭使高克將兵於河上以禦狄陳其師旅翺翔而不召衆散而歸書曰鄭弃其師今郕降而師不還亦鄭而已矣然則善之乎亦善之也葉子曰晉士匄帥師侵齊至穀聞齊侯卒乃還還之爲言一也於晉文齊侯卒而還曰乃還見還之有所

二百六十八

因也於魯圍郕不服而還曰師還見還之危不得返也故師出以善得還者二晉善也魯善之也是以君子必慎爲兵左氏以是行爲公將非也其亦不達稱師之義矣所貴乎還者以師也乃公不得乎郕而還則何善之云

冬十有一月癸未齊無知弑其君諸兒

九年春齊人殺無知公及大夫盟于蔇

盟納子糾也公不及大夫何以言公及齊大夫盟以公爲義可以納子糾則不恥大夫得敵公也大夫何以不名略之也何以略之欲納子糾而後不能也葉子曰吾何以知公之義得以納子糾歟齊

魯不共戴天之讎也使襄公在公且不可與共戴
天況國亂而納其子乎春秋之義因人以立法不
窮法以治其人人一人也罪一罪也一見貶則不
復再貶矣莊公之罪在於子糾來奔之初凡諸侯
及其大夫來奔於魯未有不書於策者而子糾之
奔獨無見焉非以其讎不當受故深絶之而不書
歟則於是焉而正之者特以子糾小白之辨而已
諸侯之嫡子君在稱世子君薨稱子某子糾得以
君薨之辭見是世子也受人之世子國無君而不
納則誰納歟故莊公之罪已定於受子糾則譏之
盟不責其納子糾也

夏公伐齊納子糾

子糾穀梁作糾左氏公羊作子糾當從二氏凡春秋言納皆與其納也與其納則糾者子糾也

齊小白入于齊

入逆辭也以奪子糾之國而先之也小白何以氏齊齊未有君也葉子曰突歸于鄭不得氏鄭有忽在焉則鄭非突之所得有也赤歸于曹不得氏曹有羈在焉則曹非赤之所得有也襄公死而子糾在外齊雖非小白所得有齊未有君而小白入焉則小白亦固齊之君也然則齊陽生入於齊内既有荼則陽生安得亦氏齊乎陽生正荼不正也有

陽生而後可以不君荼子糾正而在外小白雖不正而齊無與爭君者正與不正於書入焉見之矣則小白所以氏齊者曰是齊之君而已

秋七月丁酉葬齊襄公八月庚申及齊師戰于乾時我師敗績

内未有言敗績者此何以言敗績貶不能納糾而自取敗也凡内職不言敗不使我受責而外得加乎我以殺恥君子辭也莊公之於糾既已忘父之讎而受人之託矣大夫以春盟齊未有君可納而不納至夏師圖之遂使小白得以先入若知其不可爭而始保之糾猶未必死也不量力而再伐卒

三百卒

不能納徒以自喪其師恥孰甚焉非人之加乎君子雖欲使我不受責而無以爲之辭故於是一見之也

石林先生春秋傳卷第五

後學　成德　校訂

巴陵鍾謙鈞重刊

石林先生春秋傳卷第六

葉　氏

莊公二

九月齊人取子糾殺之

子糾在我者也齊人何以言取乘乾時之敗脅我而取之也孰取之齊侯也齊侯則何以言齊人貶也十室之邑可以逃難百室之邑可以隱死我以千乘之國不能納子糾又使人得以取焉必有與之然後取之病在我也必有得之然後取之病在齊也既兩見之矣然實殺之者齊也故歸惡於齊而人齊侯焉葉子曰此子貢所謂桓公殺公子糾

者歟凡義所得殺者殺在上齊人殺無知衛人殺州吁是也義所不得殺者殺在下蔡公孫姓以沈子嘉歸殺之楚子誘蔡侯般殺之是也

冬浚洙

洙魯水也浚深也内無以服齊而求深於洙以爲守國之道則非也

十年春王正月公敗齊師于長勺二月公侵宋三月宋人遷宿夏六月齊師宋師次于郎公敗宋師于乘丘秋九月荆敗蔡師于莘以蔡侯獻舞歸

荆楚也先曰荆後曰楚名從主人以國舉之夷狄也凡夷狄君皆稱國臣皆稱人略之也中國無王

夷狄交侵而楚始見焉荆敗蔡師是戰而敗也不曰蔡師敗績夷狄不言戰敗績不成乎戰也楚至泓而後得言宋敗吴至柏舉而後得言楚敗未成乎戰則夷狄爾以歸因服也國滅而以歸者有矣未有敗而以歸者也故書名與國滅而因服者其辭一施之絶之也葉子曰吴楚徐越初皆中國也吴出於太伯楚出於祝融徐出於益越出於禹而春秋槩以夷狄書之豈固輕絶之哉以爲是皆聖賢之後而禮義之所成者也既狃其習而與之俱化矣吾無以正之則舉天下而皆夷狄也其拒之安得不嚴責之安得不深乎故其君稱國其大夫

稱人死而來赴書卒不書葬一皆不得與中國齒也然吾爲此亦惡其不爲中國而已使其通於我而悅禮義之化翻然有以復其舊則吾亦何用終棄之哉爲夷狄則與之爲夷狄爲中國則與之爲中國而後夷狄可卒復爲中國也故楚大夫以椒來聘以屈完來盟則得稱名吳大夫以札來聘則得稱名此春秋用夏變夷之道也故曰苟以是心至斯受之而已矣

冬十月齊師滅譚譚子奔莒

諸侯擅征伐罪矣況滅國乎凡滅之志皆惡也諸侯奔皆名而書出滅國不名內無君也不言出無

所出也葉子曰孟子言周公相武王誅紂伐奄三年討其君驅飛廉於海隅而戮之滅國五十而天下大悦蓋内外亂鳥獸行則滅之先王之政也必武王而後可滅人必周公而後能滅人非武王周公而滅人之國者交相滅之道也小白始圖霸而先滅譚又滅遂遂卒不服而齊人殲焉其亦異於天下大悦者矣而或者以爲軍譚遂而不有諸侯稱寛焉者妄也

十有一年春王正月夏五月戊寅公敗宋師于鄑秋宋大水

記災也凡外災異不書成周以王書宋以二王後

書齊以大災書宋衛陳鄭以衆書陳以哀滅國書杞以二王後而不書以告而弔弔而合禮則書不以告或告而不弔弔而不合禮則不書也葉子曰凶禮六弔禮以哀禍烖周公之政也而諸侯與有焉是謂周禮救患脩睦之道也

冬王姬歸于齊

我主之也葉子曰同姓而主昏魯所宜爲也何獨兩見於莊公蓋惟齊不可主昏惟莊公不可主齊昏非莊公而主齊非齊而我主之皆不書小事也

十有二年春王三月紀叔姬歸于酅

叔姬紀季之妻也內女嫁爲諸侯妻則書歸紀季

之妻則何以得書歸非始歸也叔姬之歸紀季久矣非所當見則不書紀滅而紀季入于齊以叔姬託于我待其成國也而後復焉故以始嫁之辭書之成紀季之得後紀也葉子曰吾何以知叔姬之爲紀季妻歟凡媵不書以叔姬爲伯姬之媵待年而後歸則不得書且紀侯去伯姬卒雖媵何用歸將以紀侯而録之歟則春秋所以成紀者於紀季見之矣無所待於叔姬也舍是而叔姬得歸酅非紀季之妻而何然則叔姬託於我何以不書非歸寧也則不可以書來非見出也則不可以書來歸以爲義無所用見則不書焉爾

夏四月秋八月甲午宋萬弒其君捷及其大夫仇牧

萬宋大夫之再命者也仇牧宋大夫之三命者也及仇牧賢也蓋捷弒仇牧趣遇之門手劍而叱之萬遂殺牧

冬十月宋萬出奔陳

十有三年春齊人宋人陳人蔡人邾人會于北杏

齊人左氏公羊作齊侯穀梁作齊人當從穀梁四國何以皆稱人大夫而始為會與惡曹清丘之盟同罪者也葉子曰吾何以知齊侯之為齊人歟三家既不著其事考之於時則小白方圖霸而未成也當時諸侯雖未必全聽齊豈無一自至者而皆

以微者會之哉以惡曹清丘之事推之則大夫爲相好與共推小白爾夫圖霸亦大矣不能請之於王而大夫自相爲謀小白亦靡然受之大夫而不受之其君皆春秋之所宜治也是說也穀梁微知之而不能盡故特以爲舉衆之辭是蓋不原其情而臆爲之說者也

夏六月齊人滅遂秋七月冬公會齊侯盟于柯

十有四年春齊人陳人曹人伐宋

三國皆微者歟非微者也非微者則何以書人正王道也小白之圖霸自此始矣是可以爲王而不爲王故於其始抑而人之所以示天下之無所用

霸也葉子曰吾何以知伐宋之爲正王道歟小白五霸之盛者也前乎此嘗以師次于郎以窺我矣已而復以師滅譚焉春秋皆以常法書之以爲與凡諸侯者等也至北杏之會大夫將推之於是始與滅遂皆書人則以小白爲可責矣故柯之會與公皆以爵見則諸侯亦將推之明年遂與兩國爲此伐霸於是始焉由是伐郳伐鄭伐戎伐徐伐山戎伐英氏三十餘年皆書人終其世得以爵見者二十四以師見者三則稱人豈皆微者哉蓋春秋之作憫天下之無王也必有如湯文王者然後爲吾之所貴若小白而少假之則天下皆趣於霸王

道何由而興乎惟小白可望以爲王則亦惟小白可責以爲不王此於其伐每抑而人之所以著其法以責天下後世也故言管仲之功於春秋之時則九合諸侯一正天下不以兵車可以許其仁言小白之事於三王之道則管仲之功曾西且不肯爲故曰五霸三王之罪人也孟子其知之矣

夏單伯會伐宋

單伯吾之孤也翬帥師會宋公陳侯蔡人衛人伐鄭言帥師將尊師衆也叔孫得臣會晉人宋人陳人衛人鄭人伐沈不言帥師將尊師少也單伯何以不言帥師猶之得臣也何以再見後至也

秋七月荆入蔡冬單伯會齊侯宋公衛侯鄭伯于鄄

北杏之會齊人先宋人齊人主會也是會以單伯往會爲辭而復以齊侯先宋公蓋宋始服於齊諸侯於是相與推齊霸故明年再會鄄齊侯遂居宋公上矣葉子曰吾何以知是爲諸侯之推齊霸歟此會鄄曰衛侯即朔也後會鄄曰鄭伯即突也朔自莊六年違王命而入衛不與諸侯通者九年突自莊四年與陳侯遇于垂不與諸侯通者十一年至是而皆來會非以小白浸強而得諸侯有不敢不至歟蓋於是爲幽之同盟矣

十有五年春齊侯宋公陳侯衛侯鄭伯會于鄄夏夫人姜氏如齊

夫人不得歸寧者也禮女嫁父母在歲一歸父母没使人歸寧椂父没矣夫人前與桓公如齊已而會于禚享于祝丘又至于如齊師是在襄公之世其惡爲甚矣然辭無所貶曰夫人姜氏焉所謂不待貶絶而自見者也今小白始霸而夫人復如齊小白安得受之歟古之善治其國者必先齊其家齊其家者必先正其身小白之正身齊家亦襄公而已故其刑能施於哀姜而其禮不能正於文姜君子以是病小白是以與襄公之辭一施之

秋宋人齊人邾人伐郳

宋序齊上主兵也諸侯雖推先齊然小白之霸猶未受命于王故宋復以主兵居上

鄭人侵宋冬十月

十有六年春王正月夏宋人齊人衞人伐鄭秋荆伐鄭冬十有二月會齊侯宋公陳侯衞侯鄭伯許男滑伯滕子同盟于幽

前未有言同盟者此何以曰同盟於天子之同禮盟諸侯也何以沒公同非諸侯之所得爲也諸侯之同盟者多矣何以於是獨沒公於其始焉一正之以小白爲可責也古者諸侯以朝覲宗遇四時

更朝於王常事也見於廟中而不盟以事來見非其節而會十有二年王不時巡而同非常事也見於國外築宮爲壇祀方明而盟常事不盟無所事盟也非常事有盟不協則和之也齊侯將帥諸侯以奬王室故假天子十有二年之禮而共受命焉齊侯於是始霸天子命之也然則春秋與之歟實與而文不與所以沒公也以爲齊侯欲以奬王室則可以諸侯共行天子之禮而聽於齊侯則不可公不可見則諸侯亦不可見矣葉子曰周衰諸侯不朝王久矣齊侯既圖霸將從之而不正歟則天下無時而有王也帥之以共朝王歟則諸侯未必

皆能朝也伐之則不可勝伐然則爲齊侯者如之
何曰天子固有不時巡而合諸侯者也吾請之王
而設於此使諸侯如朝於方岳之下而莫不聽焉
吾王庶幾其可尊矣是齊侯之志也吾何以知其
然此始會也後十有二年而再會則天子殷國之
節也豈齊侯之自爲者哉及諸侯之從已者信然
後以爲吾非得已而不已者遂終其世而不復爲
則齊侯之志亦可見矣故晉文公會諸侯而召天
子書曰天王狩於河陽以全天子之行齊侯假天
子之禮而與諸侯會曰齊會諸侯諸侯同盟于某
而無異文特以没公微見之春秋與齊之實在是

矣是以桓公有同盟文公無同盟孔子所以與桓公之正而不譎也自齊侯卒宋襄公一爲會而不能終文公之後晉主中夏毎襲其迹而竊用之天下卒莫從則僭而已矣其弊遂有大夫而爲者豈春秋之意哉先儒乃謂同尊周同外楚夫盟則同矣何獨於是言之若曰姑以爲言而後不能則與常盟何擇吾未知其說也

邾子克卒

克儀父之名也得以爵見進而成國矣北杏之會郳之伐邾人皆在焉或曰齊以是請於王而進之

十有七年春齊人執鄭詹

詹鄭大夫之再命者也稱人以執非伯討也詹未三命則非鄭之知政者也鄭伯與宋公會于鄄則同好矣未幾而鄭侵宋故宋復主兵而齊衛共伐之至同盟于幽而鄭服故以詹爲説而執焉鄭非詹之所得任則執之非其罪者也

夏齊人殲于遂

遂國也齊人衆辭也殲盡殺之也齊以强滅遂遂不畏其力能以亡國之餘而盡殺其衆非遂能殲齊齊自殲也葉子曰得天下有道得其民斯得天下矣得其民有道得其心斯得民矣齊小白之霸能率諸侯而九合不能服遂一國豈得之者不以

心歟文王之造周曰大邦畏其力小邦懷其德夫文王之所謂力者非強服之也靈臺之詩曰經始勿亟庶民子來使有國而知此則天下之民皆襁負而至矣何待滅人之國而後爲強乎故以遂一見法焉

秋鄭詹自齊逃來

苟以身免曰逃大夫以道爲去就以義爲死生詹雖無罪而齊何畏焉幸於全生而不以義去則亦苟免其身而已奔以適我爲志故曰來奔逃以舍彼爲志故曰逃來

冬多麋

記災也麋多則害稼冬稼成之時也螽螟害稼者也凡見則爲災麋非害稼者也多而後爲災

十有八年春王三月日有食之夏公追戎于濟西

濟西內地也前未有言戎伐我者何以至乎濟西蓋過我而躡之也戎之於魯隱之所與會桓之所與盟者也過我而躡之蓋出不意以倖其功掩不虞以乘其利以莊公爲譏矣然則及之乎不及也何以不言不及躡之則不責其及也

秋有蜮

記異也蜮與蜚皆害人之物蜮蜚中國所無也鸜鵒魯所無也以所無則有爲異矣

冬十月

十有九年春王正月夏四月秋公子結媵陳人之婦于鄄遂及齊侯宋公盟

公子結吾大夫之三命者也陳人陳侯也何以言人婦非陳侯之所得名曰人云爾別外之辭也古者諸侯娶一國則二國媵之必以大夫送焉謂之媵臣凡媵不書此何以書將以見其遂也魯以女媵陳人之婦而結之齊與宋將有不可於魯而遇諸鄄結因與之盟而和焉故言遂善之也葉子曰吾何以知結之遂爲善歟春秋言遂二有君遂有臣遂君者命之所從出無所往而不可遂故諸侯

而言遂繼事之辭也大夫受命於君有不可得而遂故大夫之言遂生事之辭也大夫言生事則有可得而遂者有不可得而遂者在國中則不可遂所謂大夫無遂事也在國外則可遂所謂大夫出疆有可以安社稷利國家則專之者也而春秋之辭一施之以爲各於其事觀焉則審矣季孫宿帥師救台遂入鄆台在國内鄆在國外可以救台而遂入鄆乎盟者所以謀不協也而非大夫之事然大夫與國同體君不在焉而事有不可者不爲之所則亦不忠而已矣吾是以知君子之與結也

夫人姜氏如莒

如齊且不可如莒益過矣

冬齊人宋人陳人伐我西鄙

郊外曰都都外曰鄙凡伐皆先鳴鐘鼓以問罪服而行成則見伐不見戰不服而戰則見戰不見伐内伐言鄙詳内也有伐而圍邑然後言圍有伐而至城下然後言我我内辭也

二十年春王二月夫人姜氏如莒夏齊大災

大災災而大也有大荒有大札有大烖大荒饑也大札疾也大烖水火之變也凡内災必目其所宋陳災不目其所略之也齊大災然後書齊災不書以大故書也曰宮室廄庫廛市皆盡焉爾古者國

有大烖類宗廟社稷以是故重之也

秋七月冬齊人伐戎

二十有一年春王正月夏五月辛酉鄭伯突卒秋七

月戊戌夫人姜氏薨

　莊公之母也

冬十有二月葬鄭厲公

二十有二年春王正月肆大眚

　夫眚者何大罪也肆者何縱也大罪則何以謂之

　大眚過也古者謂視不明爲眚過而雖大君子宥

　焉何以書以文姜也有眚有大眚諸侯不得專殺

　則亦不得專生肆眚諸侯之事也肆大眚天子之

事也魯得肆大眚雖周公之賜文姜之罪天子不討而得葬故莊公因推以及其國人非所肆而肆也惟辟作福惟辟作威臣有作福作威害于而家凶于而國莊公蓋作福者也其亦無以保其國矣

葉子曰吾何以知肆大眚爲天子之事歟周人告其臣曰乃有大罪非終乃惟眚災適爾既道極厥辜時乃不可殺有大眚而肆之可也然馭福以生馭過以誅蓋王之八柄豈諸侯而得爲乎莊公之意若曰吾固得肆大眚矣夫人之罪當討而不得葬今天子既宥而不討使得稱小君而終爲夫人吾國人而有大罪吾如之何而殺之必有非大眚

而肆者矣非大眚而肆雖天子且不可而况於魯乎大眚而得其節皆常事不書特一見吾是以知其非所肆而肆者也

癸丑葬我小君文姜

文謚也謂諸侯之妻君稱之曰夫人邦人稱之曰君夫人稱諸異邦曰寡小君異邦人稱之亦曰君夫人葬公曰我君葬夫人曰我小君厭也故以稱諸異邦之辭言之

陳人殺其公子御寇

御寇陳諸公子也何以不稱大夫非大夫也非大夫則何以書殺公子之重視大夫親親之道也凡

以國殺而名者有罪而累其君也其不名則無罪也以人殺而名者有罪而干其衆也其不名則無罪也御寇曷爲以人殺陳人殺御寇而其黨公子完顓孫奔齊御寇宜有得罪於陳人者也其事則史失之矣葉子曰古者刑不上大夫公族有罪不以干有司以爲大夫者吾任之所與共政者也公族者吾親之所與共恩者也不幸而有罪則大司寇議其辟不得已而麗於法則甸師致其刑然而公族獄成而讞於公猶曰宥之三三宥不對走出又使人追之曰必赦之有司以爲無及則哭於異姓之廟素服不舉而私喪之如是猶有慢賢而賊

親者故葵丘之會齊小白猶曰毋專殺大夫天下無道政在大夫君子終不以一時之弊害萬世之法是以大夫強而君殺之由三桓始雖謂之義終不通乎春秋蓋以爲大夫之有罪無罪吾固有以爲之辭矣則其不可殺槩書之曰殺其世子殺其弟殺其公子殺其大夫所以正君臣之義而厚骨肉之恩也

夏五月

四時無事書首月以見時有事則於其月見之五月首時而下無事蓋闕文也

秋七月丙申及齊高傒盟于防

高傒齊大夫之三命者也及者公也何以不言公禮卿不會公侯也葉子曰名分不可不正也古者諸侯之命諸臣之爵莫不皆有别焉大國之君九命公也次國之君七命侯伯也其卿則不過三命小國之君五命子男也其卿則不過再命先王之意以爲諸侯之邦交有不得不用其臣者既使之敵則臣無敵君之義不使之敵則無以致其睦鄰之道故爲之節以大國三命之卿而當小國五命之君此禮之所不得已也至公侯伯則尊矣必君而後可敵焉晉荀庚衛孫良夫尋盟魯臧宣叔以爲次國之上卿當大國之中虚大國上卿而不言

蓋不以當諸侯之臣而晉執叔孫婼與邾大夫卒婼辭以爲列國之卿當小國之君即命其介尚行先王之制也而齊以高傒晉以陽處父盟公可乎是以皆沒公而不見此春秋所以正名分也

冬公如齊納幣

納幣不書此何以書不正以其喪娶也文姜之喪始練而公圖婚非禮也納幣大夫之事而公親之又過也何以不於始焉譏之納幣納徵也婚禮納采以問其族問名以詢其氏氏姓得而告於禰廟曰吉而後納幣以爲之徵則成禮矣納采問名猶未定成則不可易也

二十有三年春公至自齊祭叔來聘

祭叔王之下大夫也祭叔則何以來聘以其臣來也何以不言使内大夫不外交聘非祭叔之所得爲也祭伯來朝自朝也不與其朝故不言朝祭叔來聘使臣也不與其聘故不言使葉子曰吾何以知祭叔之得有臣歟古者王之卿士六命而後賜官始得自置其臣以治其家邑謂之具官大夫則不得具官而得臣其邑官事使攝焉是亦臣也是故大夫以具官爲非禮而管仲以官事不攝爲非儉孔子嘗爲魯司寇大夫而三命者也疾病子路使門人爲臣子曰久矣哉由之行詐也無臣而爲

有臣吾誰欺欺天乎夫子路豈以必不可行之禮而加之孔子哉以爲孔子嘗爲大夫蓋得攝官以爲臣而不知不在其位則門人不可臣也然則大夫之在位固有攝官而爲臣者矣

夏公如齊觀社

社者何春蒐田之祭也古者天子祀上帝諸侯會之受命焉諸侯祀先公卿大夫佐之受事焉未聞諸侯而會祭也蓋曰觀焉則非以爲祭者也故曰齊棄太公之法而觀民於社君爲是舉而往觀之非禮也曹劌固知之矣

公至自齊荆人來聘

公及齊侯遇于穀蕭叔朝公

蕭叔宋附庸之君也諸侯相朝非禮也即遇而朝又非矣古者朝必以廟朝於王所可天子有方岳之朝也朝於公不可諸侯無外朝也朝公而已矣不言來穀齊地也

秋丹桓宮楹

桓宮桓公之廟也丹楹非矣丹桓宮楹又非也天子之楹黝諸侯之楹堊大夫倉士黈

冬十有一月曹伯射姑卒十有二月甲寅公會齊侯盟于扈

離盟也小白已霸矣公復爲離盟則非諸侯之政

也以圖婚於我而固其好焉爾故前高傒爲防之盟而後公如齊納幣今齊侯爲扈盟而後公如齊逆女見公之迫於齊而不敢不從也

二十有四年春王正月刻桓宮桷

丹楹過矣刻桷又甚也桷椽也禮天子之室斲其椽而礱之加密石焉諸侯礱而不加石大夫斲而不礱士斲其本葉子曰莊公之脩桓宮非其節也以爲崇之以致孝歟則公之即位二十有四年矣而今始脩也以爲壞之而脩歟則脩非特楹與桷也然則何以脩以夫人將歸也古者天子七廟親廟四祧廟二與太祖之廟而七諸侯五親廟二祧

廟一與太祖之廟而五大夫及其皇考士及其王考其爲禮雖有别而宗廟之制則未之有間也商人戒彤日而曰典祀無豐于昵昵近也夫祀且不可豐而况宗廟之飾乎莊公因夫人而爲之蓋有甚於徒致其豐者故言丹言刻則非所以事其禰言桓宫則非所以事其祖莊公之厚桓適以侈之而已武曰武宫煬曰煬宫遠也故以謚舉之宣曰新宫近也謚之則疏也桓以禰而得祖稱豈其厚之乃所以疏之歟故曰斥言桓宫以惡莊也穀梁其知之矣

石林先生春秋傳卷第六

葉氏春秋傳卷六

後學　成德　挍訂

巴陵鍾謙鈞重刊

石林先生春秋傳卷第七

葉氏

莊公三

葬曹莊公夏公如齊逆女

逆女大夫之事公親之非禮也

秋公至自齊八月丁丑夫人姜氏入

入逆辭也莊公義不得娶於齊則夫人義不可見宗廟夫人之至爲逆矣故不書至葉子曰諸侯十五而冠冠而生子莊公於是生三十有六年矣而夫人始見以防與扈之盟考之莊公過時而不娶豈得已哉内迫於夫人而齊侯爲之制有不得自

專也而春秋無異文以爲不待貶絶而罪自見也昔者舜不告而娶孟子曰如告則廢人之大倫以懟父母是以不告也不孝有三無後爲大使莊公而知此義不娶於齊雖不得於文姜以承宗廟之重而盡人子之道與之爲舜豈不可乎卒之身死無嫡而慶父得以乘其隙則莊公之爲也

戊寅大夫宗婦覿用幣

宗婦同宗之婦也覿大夫聘而私見天子之禮也幣諸侯朝王而享王與后之禮也朝有贄享有幣夫人以丁丑入則大夫宗婦旣見矣越三日而覿非禮也覿而用幣男女之同又非也以爲尊夫人

者在物而不在禮矣不言及不以大夫及宗婦也葉子曰吾何以知宗婦之爲同宗之婦歟古者諸侯同宗之妻曰宗婦以同言也大夫嫡子之妻曰宗婦以承宗言也太夫非嫡子其妻不得稱宗婦曰介婦曰衆婦焉子同生傳說文姜與宗婦命之齊穆姜卒傳稱齊侯使諸姜宗婦來送葬此諸侯之言宗婦之禮也覿夫人何擇於大夫之承宗者歟凡大夫之妻皆得進矣則宗婦非大大之妻禮諸侯以時朝於天子各執其玉謂之贄朝畢而享王與后各獻其庭實謂之幣於是享王以辟享后以琮則周官辟以帛琮以錦者也是謂享而非覿

大夫來聘無享脩其君之禮成然後奉束錦而請覿者大夫之私禮也大夫而後有覿故曰公事曰見私事曰覿諸侯之大夫宗婦夫人之禮吾不得而聞矣意者其有見而無覿歟見而用贄則大夫以禽鳥婦人以榛栗棗脩先王之制也今見而言覿是再見也覿而言幣是尚物也則宗婦之獻與夫人等大夫覿而用幣猶以爲僭享王而況施之宗婦乎公羊以宗婦爲大夫之妻固非矣穀梁雖知其說而謂大夫不見夫人諸侯祭宗廟夫人與亞獻以爲不見亦非也

大水冬戎侵曹曹羈出奔陳

羈曹君也何以不言爵踰年而喪未除也何以不言子不周乎喪也葉子曰吾何以知曹羈之爲曹君歟射姑卒矣而曹不見君君曹者非羈而何鄭忽君鄭而突奪之故書鄭忽出奔衛而突歸不得繫於鄭曹羈君曹而赤奪之故書曹羈出奔陳而赤歸不得繫於曹突之歸以祭仲赤之歸以戎忽羈正而突出不正故其辭一施之則羈固所以爲曹君也

赤歸于曹

歸易辭也赤曹莊公之庶子自戎入而取國戎有奉而易也不繫曹不與其得曹也何以不言自戎

歸于曹不與夷狄之奉中國也

郭公

闕文也

二十有五年春陳侯使女叔來聘

女叔陳大夫之嘗入爲王卿士而復其國者也

夏五月癸丑衛侯朔卒六月辛未朔日有食之鼓用牲于社

禮天子救日伐鼓于社諸侯伐鼓于朝用幣于社天災有幣無牲諸侯而鼓于社僭也用牲于社非禮也葉子曰日食之禮天子何以伐鼓于社諸侯何以伐鼓于朝歟凡鼓皆所以亢陽也社者陰也

諸侯亦陰也天子救日則攻陰故伐鼓于社以攻之諸侯卑不敢攻社故伐鼓于朝以自攻用幣于社以請之也古者散祭祀之牲皆養於國也未有不養而爲牲者也玉帛牲牷非大祀不舉次祀則用牲幣小祀有牲而無幣略之也然天災則有幣無牲者蓋社亦小祀牲幣不可以並舉常祀則用牲非常祀則用幣幣可及牲非養則不可及也是禮也叔孫豹蓋知之矣故曰日有食之天子不舉伐鼓于社諸侯用幣于社伐鼓于朝而季孫宿莫能知乃以爲正月朔慝未作而後伐鼓用幣其餘則否故日食而見經者三十有六而書鼓用牲于

社者三其二皆在六月六月建巳之月純陽用事
詩所謂正月者也則魯人之失久矣經於是特正
之其亦考於夏書及季秋月朔辰弗集于房鼓奏
鼓嗇夫馳庶人走何必見巳而後行之歟太史以
建巳爲正月季孫宿以建子爲正月皆非也莊公
或舉于九月尚先王之制哉左氏不能察而取以
爲説則太史與宿誤之也

伯姬歸于杞

伯姬莊公之妹也不言逆女逆之合乎禮則常事
不書

秋大水鼓用牲于社于門

水旱祭雩宗蓋有壇焉禮非日月之眚不鼓鼓于社于門非禮也禜門用瓢齎用牲于社于門亦非禮也

冬公子友如陳

公子友吾大夫之三命者也

二十有六年春公伐戎夏公至自伐戎曹殺其大夫

大夫何以不名大夫無罪也赤之歸曹戎實奉之故公以春伐戎以正其不得奉也曹懼而殺其大夫則大夫爲無罪矣葉子曰春秋因人以立法不窮法以治其人因事以見法不因法以窮其事曹之事非春秋所得盡紀也春秋之所見焉者其君

之正不正大夫之有罪無罪云爾則大夫之名固非春秋之所必見也古者國君不名卿老世婦大夫不名世臣姪娣士不名家相長妾故君前而後臣名父前而後子名士二十而冠尊其名而始乎字以見名之重故春秋之法常寄於字與名不應字而字所以爲襃也故宋高哀得以子哀書則仍叔之子不書字奪之也不當名而名所以爲貶也故宰渠伯書糾則曹大夫不書名與之也

秋公會宋人齊人伐徐

宋何以序齊上齊侯失霸也前此者宋人齊人邾人伐鄭齊猶未霸也則宋以主兵先齊人可也今

齊之主中夏十年矣宋猶得以主兵居上則非霸之道也故皆貶而人之古者二王後不專征唯方伯而後專征

冬十有二月癸亥朔日有食之

二十有七年春公會杞伯姬于洮

洮魯地也文姜死矣伯姬不得歸寧故即洮以爲會會非伯姬之所得爲洮非伯姬之所得會而莊公莫之正蓋文姜會齊侯于禚公不以爲非則公會伯姬于洮宜不以爲過矣會禚而後見夫人如齊師會洮而後見杞伯姬皆公爲之也

夏六月公會齊侯宋公陳侯鄭伯同盟于幽

再見同盟距前十二年矣天子殷國之節也同盟非齊侯之所得已諸侯信而霸業成則吾所以尊天子者亦已終故自是不復盟天子於是使召伯廖來賜公命則加命以賞之也

秋公子友如陳葬原仲

原仲陳大夫也原氏也仲字也大夫則何以得字見主人之辭也古者大夫死計於他國之君曰君之外臣寡大夫某死計於適者曰吾子之外私寡大夫某不祿使某實則葬之矣不書小事也此何以書爲其將以圖國也莊公在位久未有嫡子子般孟任之子庶長而得立者也慶父叔牙通乎夫

人欲舍般而立慶父季子懼不能正託葬原仲而之陳以爲之圖莊公病召公子友於是殺叔牙而立子般君子以是録其行也何以得言如使若以君命出然臧孫辰大無麥禾而出告糴不得言如書曰臧孫辰告糴于齊公子友謀子般而出葬原仲得言如書曰公子友如陳葬原仲非春秋莫能辨焉葉子曰吾何以知春秋之録季子歟昔者陳莊子死赴於魯魯人欲勿哭繆公召縣子而問焉縣子曰古之大夫束脩之問不出竟雖欲哭之安得而哭之今之大夫交政於中國雖欲勿哭焉得而弗哭繆公於是哭諸縣氏謂諸侯不哭大

夫也乃諸侯大夫士師行出疆請於君其反必有獻且告固有許之出者矣而況謀其國乎方慶父叔牙之與夫人通也季子必微察之曰非我莫能正而勢未可以加也將委之而奔則懼絕而不得復將出而不以名則懼疑而不得去魯之安危季子所自任也則託原仲之葬請於公而求援於陳季子蓋有以圖之矣此所以能卒立子般而行其志也歟君子之防患也貴見微其弭亂也貴能濟若季子可謂微且濟矣宜君子之錄之也

冬杞伯姬來

來歸寧也内女不言來此何以書來父母沒矣伯

姬不得來而來也凡諸侯女歸寧曰來出曰來歸夫人歸寧曰如其出曰歸于其

莒慶來逆叔姬

莒慶大夫之再命者也凡婚親迎不親逆天子非展義不巡守諸侯非民事不舉卿非君命不越竟親逆非也非君命而來亦非也不曰逆女大夫之辭也天子逆后稱王后已成婦之辭也諸侯逆夫人稱女未成婦之辭也大夫逆妻稱字姓聽於父母之辭也

杞伯來朝

此杞侯也何以稱伯時王貶之也

公會齊侯于城濮

二十有八年春王三月甲寅齊人伐衛衛人及齊人戰衛人敗績

戰不言伐言伐至之日也不地地於衛也凡兵以及者爲主及之者爲客齊以王命伐衛衛不服而戰故以衛人及齊人言衛人之主戰也敗績不言人其曰人敗逆王命也齊不救子頹之難雖以王命討衛其稱人亦敗也葉子曰吾何以知齊人之爲敗歟始惠王立而五大夫奉子頹以伐王後幽之同盟三年也是時天下諸侯已推小白而霸矣豈非以率天下而尊王室歟然小白坐視而莫之

正也子頹奔衛衛背幽之盟遂與燕師伐王而立子頹明年鄭厲公和王室不克執燕仲父處王于櫟而後入周又明年與虢公復王而殺子頹小白方遠伐戎亦莫之問也衛自是負其罪八年小白亦不討至王賜以侯伯之命請伐衛不得已而後加之兵僅敗衛人亦不能執衛侯歸之於京師執謂鄭突能不失幽之盟以正王室而小白爲霸主反遠事於夷狄鄭突能執燕仲父而小白反不能執衛朔春秋所以與衛同罪而一施之槩貶以爲人歟

夏四月丁未邾子瑣卒秋荆伐鄭公會齊人宋人救

鄭

以兵相援曰救諸侯相伐而方伯救之正也凡救之志皆善也何以曰人微者也

冬築郿

郿内邑也書不時也

大無麥禾

麥與苗同時先言大水而書無麥苗者麥苗以水爲害也麥與禾不同時先不言災而書大無麥禾者倉廩竭也不言米無禾則無米矣冬書之歳杪知其足否之時也大無者無餘藏之辭也國不能預知其足否逮無餘藏而後知之莊公之政亦已

荒矣大饑民病也大無麥禾國病也

臧孫辰告糴于齊

告糴者何請糴也何以不言使非君命而辰請行也魯無麥禾辰請於公曰國病矣君盍以名器請糴於齊公曰誰使曰國有饑饉卿出告糴古之制也辰也備卿請如齊乃以鬯圭玉磬如齊告糴齊人歸其玉而與之糴謂之爲辰之請行也然則與之歟非與之也臧孫辰卿也古者冢宰以歲杪制國用量入以爲出待其竭而後爲之謀則已晚矣以爲居官當事不辟難則可以爲卿之職則非也

二十有九年春新延廄

因舊而脩曰新有加其度曰新作廏馬閑也禮天子十有二閑諸侯六閑四馬爲乘三乘爲皁三皁爲繫六繫爲廏廏爲一閑何以書大無麥禾延廏之脩非務也葉子曰僖公脩泮宫春秋不書其新泮宫諸侯所得爲也大室屋壞新宫桓宫僖宫災書於春秋亦不書其新宗廟則當新桓宫僖宫或以親盡而不新壞與災所當書也新不新所不當書也至於雉門及兩觀亦魯之所得爲也既書其災又書其新作災所當書也新作所不當書也豈以因是而有加其舊者歟由是以推新作南門蓋又有無所因而加之者矣所惡於新者爲其作也

新而不作則又何書莊公之於延廄固所得爲矣
以爲不能制其國用至於大無麥禾君臣且𫟈無
粟而食此不之恤而有事於他豈知務者哉故雖
其所得爲亦不免於罪魯人爲長府閔子騫曰仍
舊貫何必改作孔子取之新延廄亦可仍而不仍
者也

夏鄭人侵許秋有𧌒

記異也

冬十有二月紀叔姬卒

此𨟠叔姬也何以繫於紀而得卒成紀季之後也

城諸及防

諸防内二邑也得時矣何以書新延廄已非矣城又非也以諸及防小大之辭也

三十年春王正月夏次于成

次于成公羊穀梁作師次左氏作次當從左氏不言主帥微者也故與伐邾之辭一施之

秋七月齊人降鄣

鄣國也降鄣非自降降之者也

八月癸亥葬紀叔姬

伯姬卒矣書葬叔姬卒矣又書葬存紀也葉子曰春秋於紀何其致意之深也自紀季以酅入齊不以爲叛紀侯大去其國不以爲奔終始二十餘年

常欲紀之屢見至叔姬葬而紀絶矣蓋王政不作諸侯以力相并者不可盡誅也故以紀一見之以爲雖齊之強有終不可以滅紀雖紀之弱有終不可以服齊者則國固非人之所可滅而人亦不得滅人之國而天下之爭奪息矣故曰興滅國繼絶世而天下之民心歸焉孔子之志也

九月庚午朔日有食之鼓用牲于社冬公及齊侯遇于魯濟

魯濟内地也有齊濟有魯濟

齊人伐山戎

山戎北戎也此齊侯之師何以曰人正亂者先中

國而後四夷楚強而未伐衛伐而未服罪乃越千里之險而事夷狄以齊侯爲誇也故貶而人之

三十有一年春築臺于郎

禮天子外屏諸侯内屏大夫帷士簾臺非以爲觀也天子爲靈臺以候天地諸侯爲時臺以視四時非是不築築臺于郎非所築而築也築而又築益過矣

夏四月薛伯卒築臺于薛六月齊侯來獻戎捷

捷者何軍獲也下奉上曰獻齊霸主則何以獻獲於我威我也始小白伐山戎請兵於我不從怒將攻之管仲曰不可我已刑北方諸侯矣今又攻魯

魯必即楚小白乃止故其歸也誇之以示我春秋從而書之挈齊侯若奉我然欲求名而不得也凡蠻夷戎狄有干王命方伯征之則獻其功於王王以警於夷諸侯不相遺俘

秋築臺于秦冬不雨

記異也歷月不雨異也歷時不雨尤異也歷再時不雨異益甚矣葉子曰雨者陰陽之和氣也一失其節則陰陽之氣繆矣故春秋以冬春書不雨者所以見異也至夏則將有害乎稼穡矣異不足言也故夏而不雨則書旱至秋則稼穡將成而又受其害者矣旱不足言也故秋而不雨則書雩雩者

禱也春秋無以秋書不雨以雩見之也夏以旱見不雨而僖獨四月一書不雨者以著其不爲旱也秋以雩月不雨而宣獨秋一書大旱者以見其不得雨也此周正也禮至於八月不雨則君不舉者夏正也夏而不雨猶有望於秋秋至於八月不雨則苗槁矣無復有望矣故君爲之變君以民爲本者也民以食爲本者也君而無民則無與立民而無食則無與生此春秋之所謹也

三十有二年春城小穀

小穀内邑也書亟也

夏宋公齊侯遇于梁丘

梁丘宋地也齊侯霸也宋何以先齊地主也

秋七月癸巳公子牙卒

公子牙吾大夫之三命者也此季子殺之也何以不言刺順季子之意也君親無將將而必誅始公問於牙固曰慶父材矣俄而牙弑械成則不得於公而欲弑公也季子幸其惡之未成而不以爲國獄則和藥而飲之使託若以疾死然義不失正其國仁不失全其親者季友之意也葉子曰周公使管叔監殷管叔以殷畔周公曰我之弗辟我無以告我先王於是居東二年而罪人得周公弟也管叔兄也周公之誅管叔豈得已哉使周公知其將

畔必有以處之矣何至於誅故曰仁知周公未之盡而季子能隱之此周公之所不得爲也而何貶焉故茍不可以殺雖鄭伯之於段容之於始君子不以爲慈書曰鄭伯克段于鄢茍可以殺雖季子之於牙酖之於將弒君子不以爲過書曰公子牙卒此君子所以處君親之道也

八月癸亥公薨于路寢

正也禮天子六寢路寢一小寢五諸侯三寢路寢一小寢二男不死於婦人之手以齊終也

冬十月己未子般卒

此弒也何以不書弒内辭也不書則何以知其爲

弑不地則知其爲弑也未踰年之君未葬稱子書名未成其爲君也古者天子在喪稱予小子未踰年而死則曰小子王生名之死亦名之諸侯則否故諸侯未踰年有子則廟廟則書葬無子不廟不廟則不書葬

公子慶父如齊

如齊者何閔公立而聘齊也慶父殺般者也何以不貶成季子之意也叔牙可殺則殺慶父未可討則未討惟不急於慶父而後季子之謀可行也葉子曰慶父季子之事魯存亡之所由分也嘗試論之慶父與叔牙專國久矣外乘莊公之弱而無所

憚內扶夫人之姦以爲援季子陳出也而非其母弟得與聞國政於其間亦幸而已矣及莊公問後而告以叔牙之言方是之時權在慶父季子非特不可誅其兄固力之所不能誅也適其將謀而未成故得先事而密殺之至於牙死慶父知其謀而復殺般則次必及於季子季子豈愛其身不能死難者哉以爲慶父殺已而自取之諸侯容而不討則魯國慶父之國矣不容而討之則兵加於國魯之亂未已也閔公者夫人之娣叔姜之子是亦慶父之黨於時纔八歲僖公賢而長慶父不立僖公而立閔公亦豈甘心以爲君者哉假夫人之故以

說於齊少緩魯人之怨而申其志於後云爾則慶父終欲得魯者也季子於此勢不得兩全寧置慶父而辟之陳則可因陳援以訴於齊使夫人慶父之惡不能隱而季子得全於外魯庶幾其可為矣此季子之志也春秋蓋察之矣故直書慶父如齊而深隱季子奔陳至季子來歸而後始見褒則慶父如齊非逸賊季子奔陳非逃難卒之誅慶父而立僖公則季子之謀魯者無遺策是固君子所以成其意者也

狄伐邢

閔公一

元年春王正月

不書即位繼故也有不忍於先君也閔公般之庶弟而般未踰年也親之非父也尊之非君也繼之如君父者受國焉爾

齊人救邢夏六月辛酉葬我君莊公秋八月公及齊侯盟于落姑

落姑齊地也何以盟定公位也葉子曰吾何以知此盟爲定公位歟左氏穀梁皆以是盟爲納季子夫子般弒而季子奔陳慶父請於齊而立閔公慶父與季子蓋不並立於魯者閔公生纔八歲安能内拒慶父之強外召季子而請諸齊慶父者季子

之所不得制權非出於閔公則魯人亦安能違慶父召季子乎此理之必不然者也公羊不爲義而何休獨以爲季子畏慶父權重後復爲亂如齊聞之奉閔公託齊桓而爲此盟是雖無據而吾以爲可信何以知之落姑齊地慶父利閔公之幼而終欲奪之季子察之審矣既殺子般而歸獄於鄧扈樂則安知不復殺閔公歸獄於人而自取之歟凡諸侯立不以正必待于盟會而後定固非王法矣桓伯而與鄭伯爲垂之會制在鄭伯也宣立而與齊侯爲平州之會制在齊侯也閔公之時小白方霸諸侯閔公雖不當立而慶父之惡不可以不前

戒則假齊之重以定公位者實季子之意此吾所謂因陳援以訴於齊使夫人慶父之惡不得隱而後魯可爲者也經所以書公及齊侯盟于落姑蓋齊侯與公即其地以爲盟其謀出於齊非出於魯既盟而慶父之惡見其姦不得行於齊則季子亦可挾齊令以歸魯是盟固季子定公位非魯人納季子也

季子來歸

此公子友也何以謂之季子親貴之也内大夫奔未有言歸者此何以書歸賢之也桓公之子四人長則莊公也仲爲牙而謀弒公叔爲慶父而殺公

能殺牙以全公盟閔公以正慶父則人孰不以爲親而願其還孰不以爲貴而倚其重曰是乃吾君之季子云爾天王書季子來聘親貴之在上譏之也魯書季子來歸親貴之在下賢之也

石林先生春秋傳卷第七

後學　成德　校訂

巴陵鍾謙鈞重刊

石林先生春秋傳卷第八

葉　氏

閔公二

冬齊仲孫來

仲孫者何齊大夫仲孫湫也何以不名貶也何以不言使不與其使也外大夫不徒出盟當言盟聘當言聘未有非盟聘而來者也齊侯既與公爲落姑之盟矣謂魯難爲未息則問罪伐之而已以爲已息則何難焉齊侯之失也湫大夫也大夫非公事不受命非所來而來湫之失也雖曰不去慶父魯難未止而不能使齊侯討慶父姑曰難不已將

自斃是養亂也雖曰魯不棄周禮未可動也而不能使齊侯保閔公姑曰君其務寧魯難而親之是懷安也則亦從君而已矣故於齊侯則奪其使於仲孫則奪其名葉子曰春秋大夫以名見而不名者所以爲貶也仲孫湫以奪名爲貶則與殺大夫無罪而不名者何辨殺大夫不名官舉之也尊之故不名貶大夫不名氏舉之也略之故不名

二年春王正月齊人遷陽

陽國也

夏五月乙酉吉禘于莊公

禘推其祖之所自出之祭也何以言吉禘喪三年

不祭惟天地社稷則越紼而行事莊公之喪二十有二月矣未應吉而吉也禘祭於太祖之廟以其祖配之者也何以言於莊公君薨祔而作主特祀於寢三年外于廟莊公之主未外於廟即於寢而以莊公配之非所配而配也葉子曰禮天子七廟諸侯五廟大夫三士一過是而毁矣以爲親盡而迭毁者禮之所不得已而非其情也時一變而祭之者親廟也而毁廟不及焉故謂之祫喪畢而舉之自是五年而再殷祭則毁廟之主皆及矣五年而再祭者毁廟也而祖之所自出不及焉故爲之禘以祫之明年舉之自是二年而復禘則祖之所

自出亦及矣然是天子之禮也古者不王不禘諸侯不得祖天子則祖之所自出不敢僭故諸侯祫而不禘大夫不得祖諸侯則太祖不敢越故大夫享而不祫其曰大夫士有大事賜於其君干祫者此禮之不以爲常者也故曰都邑之士則知尊禰矣大夫及學士則知尊祖矣魯之得禘以周公之賜也周人禘嚳而魯以禘祀周公豈周以嚳爲祖之所自出文王配之魯以文王爲祖之所自出而周公配之有爲之降殺者歟禮廢久矣世之學者猶及見魯禮者以春秋所書也然而春秋見禘而不見祫何也以爲祫者諸侯之所得爲合於禮則

不書其因事而見則謂之大事諸侯之祭莫大於祫也禘非諸侯所得爲而魯以周公之賜合於禮亦不書則因事而見以著其名者特以别其非所爲而爲爾禘祫之時於禮無見吾以孟獻子之言推之所謂正月日至可以有事於上帝七月日至可以有事於祖考是在魯雖爲僭然實周之舊制歟蓋郊天事主乎陽故以冬至禘鬼事主乎陰故以夏至魯以季夏六月禘周公于太廟者不得全同於天子則以夏之四月也乃僖公以七月禘于太廟者是用獻子之僭言爾春秋所以著之也惟祫無所據而文公以八月大事于大廟此躋僖公

有爲爲之未必其節也
秋八月辛丑公薨
此弑也何以不書弑内辭也不書則何以知其弑不地則知其爲弑也葉子曰季子來歸見貴於春秋然叔牙將弑君而季子殺之慶父弑子般而季子不能討乃使復致閔公之禍則季子得無貶乎春秋之與奪有正之以法者有揆之以情者正之以法所以立天下之敎揆之以情所以盡天下之變會之權在慶父矣外挾霸主之令内恃國人之心此季子之所以得歸也然齊侯雖盟於落姑其志未果於討慶父方使仲孫湫來省難則慶父無

深畏於齊而權猶在己豈季子一朝所能奪哉是以姑吉禘於莊公以示宗廟之重徐以待其釁此季子之所能爲也慶父知國人不與而季子未可動終不能保齊侯之不討已則惟有簒閔公而君臨之猶可以苟存此季子之所以不能知也使季子始得國而即誅慶父不幸不能勝身死而慶父無與制雖閔公其可保乎則魯固慶父之國矣二者權其輕重寧失之緩不可失之急故終能圖慶父而不喪其宗國此春秋所以原其情而不貶也

九月夫人姜氏孫于邾公子慶父出奔莒

子般之弒夫人與慶父矯立閔公而歸獄于鄧扈

樂故夫人猶得安國中而慶父可以託君命以聘齊閔公之弒慶父篡而不得則夫人與慶父之計窮矣外巳失齊援而惡暴於國人雖權在巳亦無能爲季子可誅而不誅猶使逃焉者以僖公爲重而不遽討之也僖公立則慶父自不能免矣故直書慶父出奔莒而不著季子奔邾春秋終始之意也葉子曰公羊以牙欲立慶父而季子殺之以爲遏惡故將而不免慶父親弒二君而不誅以爲不可及故既而得免夫弒君之惡一也豈未弒者以遏惡不免巳弒者反以不可及得免乎是蓋不知季子以僖公爲重之意陳佗殺於蔡春秋不以爲

綏而桓公得葬慶父召於莒而殺之固已討矣何免之云

冬齊高子來盟

高子齊大夫高傒也子男子之美稱也何以不言名褒之也閔公弑慶父奔季子與僖公方適邾齊侯使高子以南陽之甲至魯未知其竟之歟平之歟齊侯之命高子將曰可則盟不可則不卒與季子立僖公盟國人而定其位則高子之爲也春秋之義大夫出疆有可遂者則遂焉高子遂之善者也君子於是褒焉不言使制在高子也前定之盟曰來盟楚以屈完來盟齊完能服罪以尊王故得

名氏齊以高傒來盟魯傒能立君以定國故得稱子是以春秋之辭一施之也

十有二月狄入衛鄭棄其師

此高克之師也鄭伯惡高克而反暴其兵於外久之不召衆散而歸非師之棄鄭鄭棄其師也葉子曰是高克之奔陳者也春秋何以不書高克出奔而獨志鄭之棄其師乎蓋鄭伯之所惡者高克爾而師何罪焉凡戰而敗績雖君將猶稱師以衆爲重也今狄入衛鄭伯以禦狄爲名而出高克遂并其衆而不返夫誰與爲師哉東山之詩曰我徂東山滔滔不歸夫周公之征三年矣而士無歸志使

有天下而用其師如此孰有能棄之者是在易之師所謂地中有水者以爲畜衆之道非鄭伯之謂矣故以鄭一見法焉

僖公一

元年春王正月

不書即位繼故也有不忍於先君也僖公閔公之庶兄也而閔公已踰年親之非父也繼之如父者臣子一例也

齊師宋師曹師次于聶北救邢

聶北邢地前未有言伐邢者何以言救備狄也狄與邢爲怨久矣前年伐邢而齊救之未得志也故

今入衛而三師爲之備焉次者有待之辭也凡救不必皆交兵苟可排難解紛者皆救焉敵未至而前爲之備則先言次而後言救次其意也救其事也敵已至而後爲之援則先言救而後言次救其事也次其意也直救爲救次而救亦救要其成功則一而已矣故滅無善辭救無惡辭葉子曰吾何以知次言救之爲善歟孟子曰今人乍見孺子將入於井皆有怵惕惻隱之心非所以納交於孺子之父母也非所以要譽於鄉黨朋友也非惡其聲而然也由是觀之無惻隱之心非人也然則救之爲言亦非有惻隱之心者歟孰利之而使趨也孰

迫之而使進也亦曰吾心而已矣則救豈有不善者哉春秋救而言次者二聶北也雍榆也學者皆言雍榆救晉先救後次而齊無聞聶北救邢先次後救而邢遷于夷儀爲以不果救見貶於春秋夫三國於邢利害未有相及也如欲不救則勿救而已矣何用入其地而復止待其遷而後爲之所乎三師能救邢不能使邢常存邢之遷自遷也非亡也邢不待伐而先救晉已伐而後救之吾以聶北之功有大於雍榆者是以知三師非得罪於春秋者也

夏六月邢遷于夷儀

邢自遷也

齊師宋師曹師城邢

何以再目齊師宋師曹師救一事也城一事也歸而復城者齊侯之志也凡城而遷者專也遷而爲之城者正也

秋七月戊辰夫人姜氏薨于夷齊人以歸

夷齊地也公薨地不地故也夫人薨不地地故也何以不言薨于齊非薨于齊也薨于齊則可言歸夫人之喪非薨于齊則不可言歸夫人之喪曰齊人以歸者喪非齊人之可以歸也

楚人伐鄭

荆自是始稱楚荆其自名也楚中國之名也蓋將變而從中國矣故前伐狄曰荆今始加之人荆人來聘臣之辭也楚人伐鄭君之辭也君臣猶同辭以爲是無别於君臣者則亦無别於君臣也

八月公會齊侯宋公鄭伯曹伯邾人于檉

此齊侯之會也邾人以微者會乎非微者也夫人嘗孫于邾矣而齊侯殺之於夷蓋取之於邾也齊取子糾於我殺之猶爲之辭則取夫人於邾殺之我不得與之並會公可以辭矣故邾稱人若非其君然所以病公也

九月公敗邾師于偃

夫人之故也齊可以取夫人於邾義也霸者也我不可許夫人與齊道也子也故不敢以檉之盟無討於邾君子以魯爲近於道矣偃邾地

冬十月壬午公子友帥師敗莒師于酈獲莒挐

酈魯地也挐莒大夫之再命者也蓋責慶父之賂而不得故來伐我莒挐死之凡諸侯戰死曰滅生曰獲大夫生死皆曰獲

十有二月丁巳夫人氏之喪至自齊

夫人不稱姜貶也文姜之罪未有以討之者也故於其孫貶之其惡以孫著也哀姜之罪齊討之矣則孫不必遽見也故於其討而喪歸著之其惡以

討著也文姜得罪於夫故去姓與氏哀姜得罪於子故去姓存氏不於薨貶霸主之令也喪至而後貶春秋之義也

二年春王正月城楚丘

楚丘衛邑也外城邑不書此何以書城衛也狄入衛殺衛懿公戴公文公廬于曹而不能國齊侯與諸侯遷衛於楚丘而城之何以不言城衛不與諸侯之得專封也諸侯城之則何以獨言城楚丘衛非諸侯所得城故爲之辭若城其內邑然古者大封諸侯告于后土須祀於其國土其地而制其域爲之畿疆而設其社稷非天子莫之敢爲也上無

天子下無方伯天下有相滅亡諸侯力能救而救之與之則亂法不與則滅國無與興也故與其實不與其文以楚丘言之云

夏五月辛巳葬我小君哀姜虞師晉師滅下陽

下陽虢邑也外取邑不書此何以書爲滅虢也虞貪晉賂許之假道而請先伐故序晉上疾之也下陽虞虢之塞邑也邑不言滅虞恃虢虢恃下陽無下陽則無二國矣故以下陽當二國也葉子曰域民不以封疆之界固國不以山谿之險有天下者固不在險也然在易之坎曰天險不可升也地險山川丘陵也王公設險以守其國則聖人有時而

用險矣所惡於險者爲其恃之而不爲德也苟德之脩雖險猶將設之況可守而不守乎虞虢之相爲援宮之奇蓋知之矣曰脣亡則齒寒豈特滅國乎詩曰赫赫宗周褒姒威之古之人蓋有推其所以滅而知其滅者也恃其非所恃則雖浚洙見譏不守其所可守則滅下陽亦不免於罪夫亦必有德者然後無所恃而不失其守故以虢一見法焉

秋九月齊侯宋公江人黄人盟于貫冬十月不雨

歷時而言不雨者不憂雨也無志乎民也歷月而言不雨者閔公者也有志乎民也

楚人侵鄭

三年春王正月不雨夏四月不雨徐人取舒

徐始見書人狄之也舒附庸之國也葉子曰荆九州也鬻熊受封在荆之楚而非荆也故謂之荆楚而楚初以荆自名者僭荆而有之也其後復中國之稱故言楚舒亦荆之別也故謂之荆舒其不曰荆者以舒自名而已其後復有舒鳩舒蓼舒庸者蓋又舒之別所謂羣舒者也名從主人君子無所加損焉

六月雨

記喜也書不雨矣則不書者皆雨也何獨志於僖公歟僖公書不雨者四皆以月見僖公有志於民

而閔雨者也則僖公之雨宜喜矣僖公之喜皆雨也何獨志於六月歟建巳之月也萬物始盛待雨而大古者以是月雩而祈雨則六月之雨宜喜矣葉子曰水旱堯舜之所不免也然古之人不以是歸之天而必反之己故湯有六事自責者矣春秋十有二公而不雨獨見於僖文蓋憂雨者有矣莫勤於僖公故以歷月見而志雨不憂雨者有矣莫慢於文公故以歷時見而不志雩夫文公而無雩則雨之得否亦何以爲心哉雖旱亦不書也僖公有志雨文公無志雩是民事之不可不重也故以僖公一見法焉

秋齊侯宋公江人黄人會于陽穀冬公子友如齊涖盟

涖盟者前定之盟而往涖也

楚人伐鄭

四年春王正月公會齊侯宋公陳侯衛侯鄭伯許男曹伯侵蔡蔡潰

民逃其上曰潰蔡自莘之敗楚以獻舞歸後十三年北杏之會一以人見又明年而楚復入之自是齊侯霸不與諸侯會者二十有三年蓋懼楚而屬之以爲與國也齊侯將有事於楚故觀兵於蔡先楚而侵之蔡人知楚不足恃而齊爲可畏是以不

與蔡侯而潰楚於是乎始服蓋善之也葉子曰左氏記侵蔡以爲蔡姬之故夫小白之霸攘夷狄而抗中國莫大於此舉苟以一婦人之怨而勤七國之君夫誰肯聽之哉蔡人雖畏齊亦不遽潰矣此事之必不然者也昔者湯征諸侯葛伯仇餉湯始征之孟子曰湯一征自葛始天下信之小白一侵蔡而蔡潰雖楚之強不敢不聽天下之不難服如此惜乎小白之不能爲湯也

遂伐楚次于陘

遂繼事之辭也齊之侵蔡志在楚也故蔡潰遂伐楚次于陘伐之道也古之伐罪者必有威讓之令

文告之辭不遽加之兵也齊蓋命於楚曰爾貢包茅不入昭王南征不反對曰貢之不入寡君之罪也敢不共給昭王之不復君其問諸水濱楚蓋未之服焉進而次于陘屈完來盟于師始退而盟于召陵以是爲伐之道也葉子曰昔者稱管仲曰相桓公九合諸侯一正天下微管仲吾其被髮左衽矣其在此伐也歟然而辭無所褒何也春秋王道也自伐楚而言中國所賴以安則雖管仲以爲仁可也自王道而言則小白亦霸而已矣天下何取於爲霸故小白之事管仲之功春秋未嘗有異辭而爲公羊者乃始進之爲王者之事挈小白以爲

春秋每致意焉盟不日會不致有過則爲之諱穀梁從而和之山戎之伐以人爲愛葵丘之會以日爲美梁丘之遇以辭爲大夫春秋豈區區於一小白哉信斯言也是將牽天下以爲霸乎孟子曰春秋無義戰彼善於此則有之矣然春秋未嘗與戰也吾亦以爲小白於諸侯亦彼善於此爾而何襃焉故曰仲尼之徒無道桓文之事必孟子而後能知也

夏許男新臣卒

諸侯卒于會稱會卒于師稱師許男在師矣何以不言卒于師非卒于師也疾而返卒于道也

楚屈完來盟于師盟于召陵

屈完楚大夫之三命者也嫉夷狄之大夫皆言人屈完何以不言人進之也諸侯次于陘楚使屈完來觀于師未知其窺之歟服之歟楚子之命屈完將曰可則盟否則不盟齊侯陳諸侯之師與屈完乘而觀曰與不穀同好如何屈完曰君惠徼福於敝邑社稷辱收寡君寡君之願也則屈完之爲已春秋之義大夫出疆有可遂者則遂焉屈完遂之善者也君子於是進焉不言使制在屈完也盟于師楚志也盟於召陵齊志也盟而後退師其成在楚退師而與盟其成在齊故再見盟焉以齊爲善

也

齊人執陳轅濤塗

轅濤塗陳大夫之三命者也濤塗畏齊師之道其境以病陳使出於東方齊侯以申侯之譖執濤塗不責其師之病人而責人之不忠已非伯討也故以人執

秋及江人黃人伐陳

及不言主師内之微者也

八月公至自伐楚

此侵蔡也何以致伐楚侵蔡所以伐楚致其本事也葉子曰至諸侯返而告廟之禮也出而告者必

以事則歸而告亦必以其前所告者春秋從而書之此禮之常也何以或不致其本事非故異之也各原其事而爲之辭者異爾桓公之會本以伐楚而先自侵蔡始楚服而與之盟蓋伐之後事歸自宜以伐楚告而穀梁氏不察曲以爲義謂有二事偶而或致後事或致前事以爲大小之辨者故謂此謂致後事而大伐楚以新城救許致伐鄭爲致前事而大伐鄭夫新城之役出而告者伐鄭而已楚人圍許而遂救許此乃伐之遂事既非其本事則歸安得而告乎至於柯陵蕭魚之會皆不悟其會伐本以服鄭而後會爲言或曰不周乎伐鄭或

曰得鄭伯之辭皆不知經而妄意之也

葬許穆公冬十有二月公孫兹帥師會齊人宋人衛人鄭人許人曹人侵陳

公孫兹吾大夫之三命者也

五年春晉侯殺其世子申生

殺世子何以目君甚之也故母弟亦云葉子曰殺公子以國與人公子國與人可得而殺也殺世子母弟不以國與人世子母弟非國與人可得而殺也父子天性也兄弟天倫也非其父不父兄不兄而誰敢殺乎昔者萬章嘗問孟子曰象日以殺舜爲事立爲天子則放之何也孟子曰封之也或曰

故焉以爲仁人之於弟也不藏怒不宿怨親愛之而已夫惟知親愛之出其性則雖有罪固不殺也況無罪而殺之乎世衰道微有子弑父弟弑兄者故春秋之爲教殺世子母弟特以其君責之蓋曰能爲人父然後可正天下之子能爲人兄然後可正天下之弟亦各反其性而已矣

杞伯姬來朝其子

伯姬來歸寧也莊公哀姜死伯姬歸寧固罪矣曰朝其子則志乎以子見而已曹伯猶不得使其世子來朝伯姬而可朝其子乎我以待人父之道待人之子而與之朝我亦與有罪也

夏公孫玆如牟公及齊侯宋公陳侯衛侯鄭伯許男曹伯會王世子于首止

世子襄王鄭也殊世子尊之也天子之世子世天下諸侯之世子世其國皆不可以齒其臣也

秋八月諸侯盟于首止

間無中事而復舉諸侯尊王世子不敢與盟也盟者所以結信不敢以所不信加之於尊者也諸侯不序一事而再見者前目而後凡也再地首止善之也惠王欲立子帶而廢世子小白欲置之則無以尊王室欲爭之則無以奪惠后故率諸侯盟世子而會焉諸侯相與奉鄭而世子之位定矣天子

在而名世子世子舍父而從諸侯以道則不正也世子定而王室安以小白之義則正也君子蓋以是善焉葉子曰春秋辭繁而不殺者正也書之重辭之複其中必有美焉樂道人之善而惡人之不善天下之情一也樂之故每以爲不足一言不已至於再再言不已至於三君子猶以爲未也惡之則唯恐絶之不速拒之不嚴一言之已過矣而肯至於再乎故春秋會盟而再目地惟四而已首止也葵丘也宋也平丘也以爲會盟非諸侯之所得爲吾既槩以爲罪而一正之矣後世有繼世不以道而亂世嫡定之如首止者守國不以禮而慢王

政率之如葵丘者强弱相陵而窮兵不已和之如宋者夷狄亂華而滅人之國正之如平丘者不少假之則天下終無與立也故待天下之變而有出於不得已者各於其事一見法焉春秋之義也

鄭伯逃歸不盟

何以不曰逃盟有不盟之心而後棄而歸也盟者諸侯之所同也不盟鄭伯之所獨也舍所同從所獨苟以其身竊去焉則逃而已矣賤之也

楚人滅弦弦子奔黄九月戊申朔日有食之冬晉人執虞公

下陽滅則虞虢爲已滅故虢亡不書滅虞亡不書

滅獨志執虞公焉所遺者惟其君而已不言以歸虞爲已滅則虞公不得有其國猶若執之晉也晉假道以滅人而復滅其所假非伯討也故以人執虞稱公或曰商之故爵也或曰嘗入而爲王三公者也

六年春王正月夏公會齊侯宋公陳侯衛侯曹伯伐鄭圍新城

伐國不言圍邑此何以言圍新城以新城爲伐也伐者問罪之師不于其國于其邑非伐也爲後齊人伐鄭起也葉子曰伐以問罪非志於得也服之而已宋伐鄭而圍長葛楚伐宋而圍緡君子以爲

非伐之道故見圍焉此伐鄭而圍新城蓋鄭未服罪而施之於新城未遽加兵於鄭此霸主之令也則何以與長葛及緡同辭蓋宋楚以一國而伐此以諸侯而伐以一國而伐固有私之者矣以諸侯從霸主而伐其誰取于一邑君子宜無疑焉乃其不即問罪於鄭使楚得圍許而還其師致齊人再伐而後服則諸侯未得爲無罪也其情雖與宋楚異其事則與宋楚同故其辭一施之此君子所以慎於伐也

秋楚人圍許諸侯遂救許

遂繼事之辭也此圍鄭之諸侯何以不序一事而

再見也

冬公至自伐鄭

石林先生春秋傳卷第八

後學　成德　挍訂

巴陵鍾謙鈞重刊

石林先生春秋傳卷第九

葉　氏

僖公二

七年春齊人伐鄭夏小邾子來朝鄭殺其大夫申侯

申侯鄭大夫之三命者也齊既再討鄭逃盟之罪孔叔言於鄭伯曰國危矣請下齊以救國鄭伯曰吾知所由來矣乃用陳轅濤塗之譖殺申侯以說於齊申侯之死罪累上也故以國殺有國殺有人殺國殺者大夫有罪而君殺之君亦有罪而累上者也人殺者大夫有罪而人殺之國人皆曰可殺者也古者大國三卿皆命於天子次國三卿二卿

命於天子一卿命於其君小國三卿一卿命於天子二卿命於其君諸侯不得專殺大夫大夫國體也挈國與人殺者大夫之罪也挈殺其大夫者其君之罪也葉子曰吾何以知小國之亦有三卿歟五等諸侯之臣其命數則有間矣而卿大夫之名未之有别也葢爲之國者大小雖不同而設官分職之事則不可殺一官闕則一事廢矣既與共王事則未有不命於王者所以尊王也如是役也猶有私爵人而曠其官者況略之而無所受命乎則以爲二卿而不命於天子者記禮者之失也

秋七月公會齊侯宋公陳世子欵鄭世子華盟于甯

母

陳欵鄭華何以得與盟諸侯有故則世子攝其君下其君之禮一等周道也

曹伯班卒公子友如齊冬葬曹昭公

八年春王正月公會王人齊侯宋公衛侯許男曹伯陳世子欵盟于洮

王人微者也序於諸侯之上先王命也

鄭伯乞盟

乞盟者何請盟也霸主有帥諸侯以共盟諸侯無乞霸王以請盟盟諸侯之所得爲也鄭伯殺申侯以謝首止之逃則服罪矣然甯毋之會以世子來

而鄭伯不至則諸侯猶未信也故洮之役以王人會黜鄭不得與鄭伯於是懼而請盟乞盟猶乞師也有得不得焉師非我所有乞猶可言也盟我所得爲乞不可言也有諸侯之會不能正其事乃至於下人而請焉賤之也

夏狄伐晉秋七月禘于太廟用致夫人

八年而禘禘之節也何以書不正其用之以致夫人且僭天子也夫人者何成風也成風僖公之妾母僖公欲尊之以匹嫡故因禘致於太廟始見其祖考爲夫人不與非禘之道用禘者也成風遂爲夫人矣故後薨以夫人風氏見不稱用致夫人風

氏内辭也蓋魯自是以妾匹嫡致其志妾母之始而不言風氏其義則甚乎以風氏見也周之禘以七月日至魯之禘以季夏六月七月而禘僭天子也葉子曰三傳言夫人左氏以爲哀姜公羊以爲聲姜夫哀姜之爲夫人固在莊公之世矣雖以罪討於齊僖公未之敢黜也故其歸曰夫人氏之喪至自齊何用至是而始致之乎聲姜不書至蓋僖公之娶在即位之前也以齊媵而得於傳無聞焉審僖公果以是易嫡則於至之日已定之矣何待禘而後始致之乎此皆理之必不然者吾固以穀梁之言爲正也

冬十有二月丁未天王崩
九年春王三月丁丑宋公御説卒夏公會宰周公齊
侯宋子衛侯鄭伯許男曹伯于葵丘
宰王之太宰也何以言周公太宰而兼三公者也
古者三公官不必備惟其人則以六卿有道者兼
焉王人不得繫周劉子單子不得繫周宰周公得
繫周三公論道經邦與王同體者也宋子未踰年
之君也葉子曰子夏問於孔子曰三年之喪卒哭
金革之事無辟也者禮歟初有司歟孔子曰夏后
氏既殯而致事商人既葬而致事子夏曰金革之
事無辟也者非歟孔子曰吾聞諸老聃曰昔者魯

公伯禽有爲爲之也今以三年之喪從其利者吾弗知也故閔子要絰而服事既而曰若是乎古之道不即人心退而致仕孔子蓋善之也夫非禮之禮大人不爲也其可有三年之愛而不盡於父母歟則雖伯禽爲之固不以爲常也而況因之以爲利乎秦伐鄭晉襄公墨衰絰而敗之殽春秋貶而稱人君子之惡奪親也甚矣故春秋諸侯會征伐在喪而出與者或踰年或未踰年各以其實書之無所加損焉所謂不待貶絕而自見也而穀梁獨以宋桓公未葬背殯出會爲無哀然則衛爕卒成公既葬而會於洮亦書子則無貶乎彼固未知春

秋之意也

秋七月乙酉伯姬卒

内女未適人不卒伯姬卒許嫁也禮男子二十而冠字之不名列於丈夫三十而娶女子十五而許嫁笄而字之列于成人二十而嫁女子許嫁不爲殤死則以成人之喪治之故亦以成人之禮卒焉

葉子曰内女嫁爲夫人則卒以尊同也爲大夫妻則不卒厭也何以許嫁而卒之歟曰各以其服爲之稱也女子在室爲父母三年其嫁而適人降而爲父母期故父母爲之報也未嫁者服齊衰三月適人則服大功不以齊衰薄大功之喪此未嫁所

以有加於已嫁者也

九月戊辰諸侯盟于葵丘

諸侯不序一事而再見也再地葵丘善之也首止之會既已正父子而尊王室矣故於是合諸侯而授王政焉初命曰誅不孝無易樹子無以妾爲妻再命曰尊賢育材以彰有德三命曰敬老慈幼無忘賓旅四命曰士無世官官事無攝取士必得無專殺大夫五命曰無曲防無遏糴無有封而不告曰凡我同盟之人既盟之後言歸於好諸侯於是束牲載書而不歃血咸諭乎小白之志君子蓋以是善之也葉子曰惠王崩而襄王始立天子在喪

可以王臣而會諸侯歟襄王之立非惠王之意而惠后猶在首止之盟雖已定而諸侯不能保其無如鄭伯之逃盟者則襄王固未知得終安其位也此霸主之所當憂則請於王而與之盟王亦出内臣而臨之有不得已者是以無易樹子猶載之初命如是而僅終喪猶有子帶之難則齊侯之慮君子不得不與也

甲子晉侯佹諸卒冬晉里克殺其君之子奚齊

里克晉大夫之三命者也奚齊未踰年未成君也故言其君之子未成君則不可以弒名故稱殺焉莘子曰弒君天下之大惡也可以未踰年而薄其

罪歟曰春秋以名定罪若其義則亦各視其情而已矣齊商人之弒舍晉里克之弒奚齊皆未踰年之君也商人之弒以巳也取而代之里克之弒以文公也蓋以納文公焉故於奚齊則不成其爲君於舍則成其爲君不成其爲君者春秋之法也常也成其爲君者春秋之義也變也法不可以變而亂名實義不可以常而廢善惡此政之所以行而敎之所以立也

十年春王正月公如齊

如朝也凡公如皆朝朝君之事也大夫如皆聘聘臣之事也諸侯之邦交以世相朝非周道也即位

大國聘焉小國朝焉霸主之令爾魯前有諸侯來朝者矣未有朝人者也蓋小白既霸魯於是事齊魯之屈於大國自僖公始矣

狄滅溫溫子奔衛晉里克弑其君卓及其大夫荀息

荀息晉大夫之三命者也及荀息賢也荀息不食其言者也葉子曰子糾之難召忽死之管仲不死孔子不嘉召忽之死而與管仲以仁里克傅申生申生死里克不死以納文公荀息以不正傅卓子卓子死而荀息死之春秋何以不與里克之不死而與荀息以賢歟子糾未君也卓子已君也荀息之不正可責於傅卓子之初不可責於卓子弑之

際夫受命而傳之旣立以爲君則君臣之義定矣可以君而不死其難乎言必信行必果孔子以爲小人言不必信行不必果孟子以爲大人夫言之不必信亦必有義焉而後可故非復言之爲難而近義之爲貴管仲之仁雖可與而召忽不可爲不忠里克之罪雖可薄而荀息不可爲不信亦各有義而已矣故曰人之欲善誰不如我我欲無貳而謂人已乎荀息蓋知之矣此春秋所以賢也

夏齊侯許男伐北戎晉殺其大夫里克

里克旣弑卓惠公重賂秦以求入里克迎而立之惠公旣得國曰又將圖寡人乃殺里克以説晉人

里克之死罪累上也故以國殺葉子曰晉里克衛甯喜皆弑君者也然其死不書以討賊之辭而與殺大夫一施之何哉所以殺者非討賊也始卓死惠公求入里克實迎立焉則惠公固幸卓之死而竊其位者也衛獻公之入立則固與聞乎弑矣是以求復於喜曰苟反政由甯氏祭則寡人此豈可責討卓與剽之賊者歟及其得國惠公則曰子弑二君一大夫爲子君者不亦難乎而後殺克獻公既以政許甯喜而患其專乃與公孫無地公孫臣謀攻甯氏免余殺喜而尸諸朝則其討克與喜者皆畏其害已而除之者也孔子曰名不正則言不

順其極至於刑罰不中無所措手足使惠公獻公
初無愧於卓與剽歸正二臣之罪而誅焉春秋如
之何不書曰晉人殺里克衛人殺甯喜乎而徒以
行其私使二臣雖負弑君之惡而終得以免是謂
名不正而刑罰不中者宜春秋之所謹也

秋七月冬大雨雪

大雨雪不志此何以志建酉建戌建亥之月書不
時也

十有一年春晉殺其大夫丕鄭父

丕鄭父晉大夫之三命者也丕鄭父里克之黨也
惠公既殺里克丕鄭父聘於秦未反請殺呂甥郤

稱冀芮而納文公既歸秦使召三子郤芮曰幣重而言甘誘我也遂殺丕鄭父丕鄭父之死罪累上也故以國殺

夏公及夫人姜氏會齊侯于陽穀

夫人姜氏聲姜也僖公不戒文姜之失而使夫人復會齊桓公不戒襄公之失而納夫人以爲會皆過也桓公之業自是衰矣葉子曰吾何以知夫人之爲聲姜歟言哀姜者巳死矣言聲姜者見薨見葬而不見逆蓋僖公娶于世子之時故逆不書於經則夫人固聲姜也

秋八月大雩冬楚人伐黃

十有二年春王三月庚午日有食之夏楚人滅黃秋七月冬十有二月丁丑陳侯杵臼卒

十有三年春狄侵衛夏四月葬陳宣公公會齊侯宋公陳侯衛侯鄭伯許男曹伯于鹹秋九月大雩冬公子友如齊

十有四年春諸侯城緣陵

緣陵杞邑也外城邑不書此何以書城杞也淮夷病杞諸侯遷紀於緣陵而城之何以不言城杞不與諸侯之得專封也故爲之辭若城其外邑然何以復言諸侯以不終乎城亦不序以見貶也楚丘之城也衛人忘亡緣陵之城杞未有聞焉以爲有

闕而去之則非去災卹鄰之道諸侯爲不足序也與之故没諸侯而爲之辭略之故見諸侯而不序葉子曰春秋諸侯及大夫之行事有再見而不序者有初無所見而不序者再見而不序前目而後凡也初無所見而不序不足序而略之也故諸侯不序見於經者兩盟于扈一會于扈及是而四焉前盟于扈不與趙盾之臨諸侯後盟于扈不與晉伐齊而取其賂扈之會則欲平宋亂而後不果者也是皆以爲不足言故略之略之者簡之也左氏以緣陵爲闕後扈盟爲無能爲扈會爲無功蓋近之矣然復或以爲公後至或以爲公不會故不序

則不能必其說夫後至乃公之罪何與於諸侯而反不得序乎公羊穀梁或以爲失序或以爲略或以爲桓德衰皆僅知其端而不能盡蓋春秋之義有在於詳略者非比事而深考之未足以言君子之意也

夏六月季姬及鄫子遇于防使鄫子來朝

季姬内女也内女則何以得遇鄫子愛季姬使自擇配也季姬已許嫁邾子鄫子來請婚僖公未知其所與也則召鄫子見季姬以擇之若邂逅相遇然防魯地季姬以爲可而後鄫子來朝以請故以季姬及鄫子非婚姻之道也何以言使鄫子來朝

鄫子以國君使乎季姬賤之也葉子曰吾何以知季姬之遇爲擇配與季姬不繫鄫則未嫁之辭也後見季姬歸於鄫則始嫁之辭也於是乎擇之矣魯之亂始於不能正家僖公雖賢而不知禮故致成風爲夫人則非所以事其母及聲姜以會齊侯則非所以閑其妻愛人以姑息而已則安得以禮正季姬哉王政之不行蓋雖子產爲鄭不能奪公孫黑之強委禽乃從徐吾犯妹之所欲以與子南其習俗有自然矣公羊乃以爲奔則已甚夫奔匹夫匹婦之事也豈可行之於有國故吾以徐吾犯妹與子南之事推之而後知其說云

秋八月辛卯沙鹿崩

記異也沙鹿梁山皆在晉不繫之晉名山大澤不以封爲天下記異也葉子曰是所謂百川沸騰山冢崒崩高岸爲谷深谷爲陵者歟此幽王之詩也故曰國必依山川川竭山必崩亡之徵也伯宗其知之矣

狄侵鄭冬蔡侯肸卒

十有五年春王正月公如齊楚人伐徐三月公會齊侯宋公陳侯衛侯鄭伯許男曹伯盟于牡丘遂次于匡

前救邢先言次于聶北聶北邢地以次爲救者也

此救徐先言次于匡匡衛地不果於救者也故以
其大夫往焉非救之道也
公孫敖帥師及諸侯之大夫救徐
公孫敖吾大夫之三命者也以敖主兵内辭也大
夫何以不序無功不足序也楚遂敗徐于婁林齊
自是不復救人矣
夏五月日有食之秋七月齊師曹師伐厲八月螽九
月公至自會季姬歸于鄫己卯晦震夷伯之廟
記異也晦月晦也夷伯魯大夫夷氏也伯字也大
夫則曷爲以字見大夫卒則不名也震雷擊之也
桓宮僖宮災孔子在陳聞火曰其桓僖乎爲其親

盡而當毀也夷伯之廟必有不得其正者矣故辭閒容之之緩辭也不與其正之辭也葉子曰是在周易所謂洊雷震君子以恐懼修省者歟天之威怒非苟然也成王未知周公秋大熟未穫天大雷電以風禾盡偃成王啓金縢之書曰今天動威以彰周公之德天乃雨反風禾則盡起是以君子迅雷風烈必變中夜必興正衣冠而坐以爲天不可不畏也故以夷伯一見法焉

冬宋人伐曹楚人敗徐于婁林

兩夷狄亦曰敗不言敗績皆夷狄則不能偏戰也故不嫌與內敗外中國敗夷狄同辭春秋之意也

十有一月壬戌晉侯及秦伯戰于韓獲晉侯
秦伐晉惠公逆而請戰故以晉侯及秦伯言晉之主戰也以力得之曰獲不言師敗績君獲舉重也晉侯不名内未有君也執言以歸獲不免以歸執而以歸者屈服也獲而不以歸者非屈服也

十有六年春王正月戊申朔隕石于宋五
記異也外異不書此何以書二王之後也聞其隕而知其石數之則五也于宋國中也不言隕石五于宋嫌有隕之于宋者也葉子曰春秋不書晦朔惟記異與戰則書古者謂朔月爲吉月惡其始之不能吉也用兵有違晦惡其陰之窮也故震夷伯

之廟書晦戰于鄢陵書晦隕石于宋書朔戰于泓書朔謹始愼終之道也

是月六鷁退飛過宋都

是月逮是月也不得其日則嫌與上同日也鷁水鳥不能高飛飛以進爲順退飛猶逆飛也五石先物近也近者察其形而後知其數六鷁先數遠也遠者見其數而後辨其物都鄙也自是而之他矣

三月壬申公子季友卒

此公子友也何以言季友猶仲遂始賜族也賜族多矣何以獨言季友仲遂季氏後逐君仲氏身弑君世卿強而專國者也葉子曰吾何以知季友仲

遂之爲賜族歟古者天子以姓氏旌羣臣故舜以禹治内賜姓曰姒封之於夏而氏有夏以四岳治外賜姓曰姜封之於吕而氏有吕天子之氏氏其土也諸侯不得以地與人則不得賜姓與氏故公孫之子氏以王父之字别其宗云爾而大夫之有功德者賜之族或以其氏或以其謚或以其官或以其邑天子命氏則世國諸侯賜族則世官天子諸侯之辨也故衆仲曰天子建德因生以賜姓胙之土而命之氏諸侯以字爲謚因以爲族官有世功則有官族邑亦如之凡族皆死而後賜之者也季子殺叔牙曰公子從吾言必有後於魯國及其

死而立叔孫氏不待孫而稱叔孫此以氏爲族者也而春秋之世亦有生而賜之族者諸侯討宋亂取華督賂而立華氏此周之末造也然則友未氏而先見季遂未氏而先見仲非以世卿故志其始賜族而特書之歟

夏四月丙申鄫季姬卒秋七月甲子公孫玆卒冬十有二月公會齊侯宋公陳侯衞侯鄭伯許男邢侯曹伯于淮

淮淮夷也

十有七年春齊人徐人伐英氏

英氏國也

夏滅項

項國也孰滅之公滅也公方在淮則何以能滅項使大夫滅也內不言滅此何以言滅諸侯方與公責淮夷病人於外而公復使大夫滅人於內以公爲病矣何以不言大夫非大夫之罪也

秋夫人姜氏會齊侯于卞

何以不言公及公未歸也會非矣公未歸而專行又非也

九月公至自會冬十有二月乙亥齊侯小白卒

十有八年春王正月宋公曹伯衛人邾人伐齊

伐齊者何納公子昭也何以不言納不與其納也

齊侯之夫人三皆無子如夫人者六人生諸公子長曰無虧其三曰昭屬昭於宋以爲太子其後復欲立無虧齊侯卒而無虧立昭奔於宋宋襄公用是納昭夫人無嫡則立長納昭非正也

夏師救齊五月戊寅宋師及齊師戰于甗齊師敗績

以宋師及齊師言宋之主戰也

狄救齊秋八月丁亥葬齊桓公冬邢人狄人伐衛

狄何以稱人以狄邢也邢嘗病於狄而遷夷儀矣衛同姓而復與狄伐之自取滅於衛者也不可曰邢狄伐衛故人狄則邢亦狄也

十有九年春王三月宋人執滕子嬰齊

諸侯有罪執而歸於京師者伯討也故以侯執執而不歸京師者非伯討也故以人執執而言以歸者歸於其國而釋之也執而不言以歸者即其所而釋之也凡執而不名內未有君也此何以言名執而殺之也何以不言殺之大夫則言殺之諸侯則不言殺之君臣之辭也

夏六月宋公曹人邾人盟于曹南

盟于曹南曹地也何以不言宋公邾人盟于曹非曹之國中曹之南也曹衛邾同於伐齊而不同於戰甗衛以狄伐則有辭矣曹邾之不至以納爲非正也宋公強而與之盟故不盟於國中而盟於國

外各以其微者來義不足以服之也宋於是復圍
曹
鄫子會盟于邾己酉邾人執鄫子用之
鄫子不名惡邾也謂其爲虐亦已甚矣故人邾而
不名鄫子也用之或曰殺之以祭也或曰血其鼻
以祭也
秋宋人圍曹衛人伐邢冬會陳人蔡人楚人鄭人盟
于齊
會公羊作公會左氏穀梁作會當從二傳會者何
沒公也地齊齊亦與盟也齊小白死五公子爭立
而齊衰矣陳穆公思小白之德率四國與公而盟

焉畏楚之或侵也陳蔡鄭皆楚之與國也陳率諸侯以保齊可畏楚之侵而使楚亦與盟不可小白率中國以攘楚公得率楚以保中國乎楚之窺中國自是始矣故四國皆貶而稱人公亦沒而不得見人諸侯所以人公也

梁亡

有一朝而亡者不幸而人或亡之也有積久而亡者雖幸而人欲存之不得不亡也人亡之可曰亡梁人欲存之而不得不亡不可曰亡梁梁亡而已其所由來者漸矣此梁之所以亡也

二十年春新作南門

南門路門也何以言新作僭天子也因舊而脩謂之新有加其度謂之作禮天子五門曰皐門曰庫門曰雉門曰應門曰路門諸侯三門曰庫門曰雉門曰路門古者謂國門爲南門故曰天子聽朔於南門之外謂路門亦爲南門故成王喪言逆子釗于南門之外魯得以天子皐門之制爲庫門應門之制爲雉門周公之賜也而路門則有諸侯之門焉新作南門書豈非有加其度而僭天子路門歟故與新作雉門之辭一施之不曰路門天子有路門曰是天子之南門云爾

夏郜子來朝五月乙巳西宮災

記災也西宮夫人之宮也天子六寢后六宮諸侯三寢夫人三宮曰東宮曰西宮中宮處乎中

鄭人入滑秋齊人狄人盟于邢

狄何以書人以狄齊也衛人伐邢狄以前與邢人伐衛之故請於齊爲此盟以謀邢難明年狄遂侵衛復報邢而滅之邢衛之怨以齊爲有力則齊亦狄也

冬楚人伐隨

二十有一年春狄侵衛宋人齊人楚人盟于鹿上

鹿上宋地也此宋公也何以言宋人不知諸侯之不宗已而强國霸也齊楚何以皆稱人此亦齊侯楚

子也知宋公之不足宗而矯從之盟也故皆貶而人之

夏大旱

記災也夏以月志不雨者未爲災也以時志大旱者歷時不雨而播種不入也

秋宋公楚子陳侯蔡侯鄭伯許男曹伯會于盂

楚子何以先諸侯宋襄公欲圖霸而會楚子諸侯推先楚子也楚子先諸侯則何以不貶楚所以正諸侯也一人衡行於天下武王恥之諸侯知宋襄公不足霸則勿會而已會而先楚子遂使楚子得以爭中國則宋與諸侯之罪也葉子曰宋襄公可

謂不量力矣齊桓公自同盟於幽而霸歷楚文王堵敖未嘗與之通至成王立而以人來聘巳而連侵伐鄭者四年桓公於是遂伐楚雖成王之强以屈完來盟于師則楚服矣然相繼八合諸侯而楚不與知成王未可以致則外之而不使得與中國諸侯齒也今襄公一圖霸而遽召楚豈以桓公所不能爲而已爲之乎鹿上之盟公子目夷固知小國爭盟之爲禍矣楚子僞從之以觀其釁而襄公弗悟遂再爲此會則宜楚子之所易也故偃然欲與之爭中國而不肯爲諸侯下諸侯亦莫敢復先焉者蓋以王爵推之也襄公乃反從之以相敵則

惡在其爲霸此楚子所以知其無能爲而遂執之歟故春秋不貶楚子而以爵書之以爲宋與諸侯之罪而未可以專責楚子也

石林先生春秋傳卷第九

後學　成德　校訂

巴陵鍾謙鈞重刊

八千

葉氏春秋傳卷九

十九

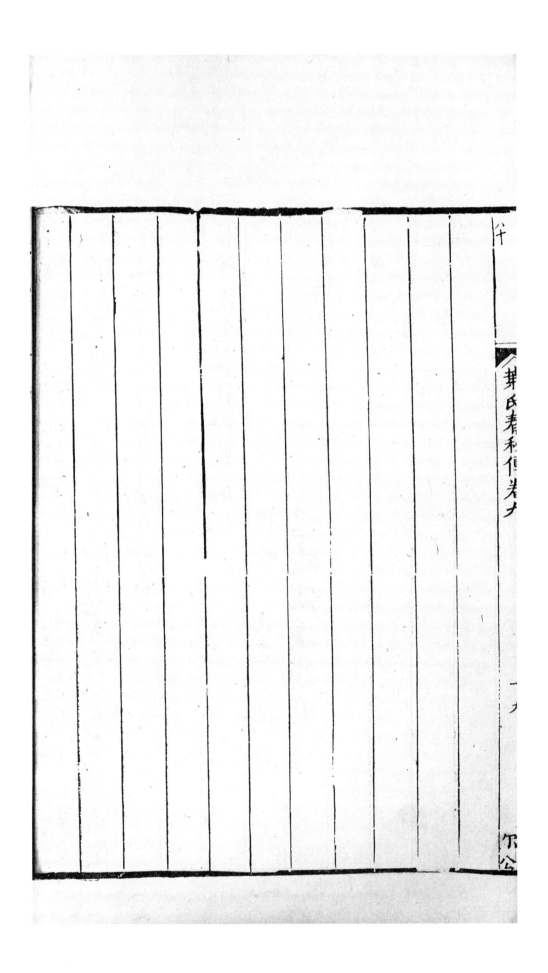

石林先生春秋傳卷第十

葉　氏

僖公三

執宋公以伐宋

此楚子執之也何以不言楚諸侯與有罪也諸侯知宋公之不足宗則勿會而已矣從之而先楚子則宋公之執非楚所獨能爲也

冬公伐邾楚人使宜申來獻捷

宜申楚大夫之再命者也捷者何捷乎宋也前未有言敗宋者此何以言捷不使楚子得執宋公以敗宋故見伐不見戰也宋捷則何以獻於我威我

也楚居一方與宋襄公爭中國執宋公以伐宋懼
諸侯猶未盡宗己故其捷也誇之以示諸侯挈使
宜申若奉我然欲求名而不得也不言宋不使楚
子得捷於宋也
十有二月癸丑公會諸侯盟于薄釋宋公
此前會盂之諸侯也不序前目而後凡也何以言
公會約盟而公往會也執不言釋此何以言釋以
二王後見重也楚既得宋矣宋公猶未釋諸侯於
是請於楚而盟焉此楚子釋之也何以不言楚諸
侯與有力也執不言楚則諸侯不能逃其罪釋不
言楚則楚子不能專其德宋公曰晉釋舍季孫行

父于莒丘曰舍君臣之辭也
二十有二年春公伐邾取須句
須句邾邑也内取外邑不書此何以書不正其伐
取也須句風姓之國邾人滅而屬之以爲邑則取
邑者也
夏宋公衛侯許男滕子伐鄭秋八月丁未及邾人戰
于升陘冬十有一月己巳朔宋公及楚人戰于泓宋
師敗績
此救鄭之師也以宋公及楚人言宋之主戰也薄
之釋宋公鄭伯在焉宋公以鄭爲楚與國皆惠而
伐鄭不量力而與楚戰敗之道也何以不貶不重

傷不禽二毛不鼓不成列以襄公有取敗之道則可以襄公爲非戰之道則不可春秋貴偏戰不貴詐戰則襄公義有不可貶也

二十有三年春齊侯伐宋圍緡

伐國不言圍邑此何以言圍緡不正其伐泓之敗而凌之也伐者問罪之師不正其義而幸其間非伐也爲後宋公茲父卒起也

夏五月庚寅宋公茲父卒秋楚人伐陳冬十有一月杞子卒

此杞伯也何以言子時王降之也何以降用夷禮也葉子曰孔子言夏禮吾能言之杞不足徵也殷

禮吾能言之宋不足徵也文獻不足故也古者天子五載一巡守考制度于四岳變禮易樂者爲不從其君沿革制度衣服者爲畔其君杞二王之後所以尊賢也豈不曰統承先王脩其禮物者乎宋禮之不足或以久而亡也而杞習於用夷則中國之道喪矣故雖周之衰王政猶或行也

二十有四年春王正月夏狄伐鄭秋七月冬天王出居于鄭

天子以畿内爲國諸侯以封内爲國諸侯不以其道去其封内故曰出奔天子不以其道去其畿内故曰出居出之爲言恥也若曰雖有其國而不能

守云爾天子無外雖去其國不失天下故謂之居焉凡諸侯與其國內曰居國外曰在諸侯以國爲家者也天子內外皆曰居天子以天下爲家者也葉子曰天子非巡守不適諸侯諸侯非述職不見天子諸侯於盟會征伐之事未嘗書出義可得而行也至於奔則失其位矣然後書出天子於伐鄭狩于河陽未嘗書出亦義可得而行也至於出居于鄭則失其位矣然後書出葢大有天下小有一國皆其所當守而不可失安有內難不能正而反避之於外以託於諸侯歟夫子帶之亂君子亦有以處之矣方其奔齊或放焉或封焉親愛之而勿

殺可矣古之人有行之者舜也而王不能反召之使得終其惡及以狄伐周則罪在可討弗辟則無以告先王古之人有行之者周公也而王不能反避之使得奪其位在易鼎而受之震鼎器也震長子也主器莫若長子故必不喪匕鬯而後出可以守其宗廟社稷以爲祭主若惠王者可謂喪其匕鬯矣有天下而不知此則亦何以王天下哉故以惠王一見法焉

晉侯夷吾卒

二十有五年春王正月丙午衛侯燬滅邢

衛侯何以名嫉誘滅也衛侯將伐邢其大夫禮至

曰不得邢之守國不可得也請往其昆弟仕於邢及衛伐邢邢之守國子巡城衛之仕於邢者乃掖國子赴外而殺之邢遂以亡禮至銘其器曰余掖殺國子莫余敢止君子是以嫉衛侯也葉子曰甚矣君子之惡詐也曰自古皆有死民無信不立民之所以能並生於天地之間而不相害者以其信足恃也使人而各懷其詐雖匹夫且不可與共處況有國於天下乎故楚子虔誘蔡侯般殺之名惡誘殺人之君也衛侯燬從禮至之請誘殺國子而滅邢名惡誘滅人之國也夫滅國之罪亦大矣而辭無所貶以爲不待貶絶而自見也乃其誘殺人

之君誘滅人之國非有所示其誰察焉是以中國與夷狄之辭一施之而三傳皆言貶滅同姓記禮者從而爲之説春秋之義不加於事之所易見而常致意於義之所難察同姓所易言也楚滅夔齊滅萊皆不名滅國滅同姓一事也既見滅則罪已重矣故不以輕者復參焉誘殺人而滅國與誘人而殺之二事也不正則終無以著其罪三傳既已失之爲禮者又從而弗悟吾然後知學之爲難也

夏四月癸酉衞侯燬卒宋蕩伯姬來逆婦

蕩氏也伯姬内女而嫁於宋之蕩氏者也子逆妻而母親之非禮也婦緣姑之辭

宋殺其大夫

大夫何以不名大夫無罪也何用見大夫之無罪其討泓之敗歟

秋楚人圍陳納頓子于頓

圍陳何以言納頓子與其納也納君未有不以師何以言圍陳頓陳之鄰國蓋有迫於陳而出奔者圍陳而使頓子得以歸是亦所以爲納也頓子何以不名内未有君也凡納君而名者内有君也納君而不名者内未有君也

葬衛文公冬十有二月癸亥公會衛子莒慶盟于洮

公不諱與莒慶盟衛子在焉者也

二十有六年春王正月己未公會莒子衛甯速盟于向

甯速衛大夫之三命者也公不諱與甯速盟莒子在焉也

齊人侵我西鄙公追齊師至酅弗及

弗及左氏作不及公羊穀梁作弗及當從二傳弗及可及而我不及也善用師者量敵而後進慮勝而後會追而弗及有畏齊之志焉酅齊附庸之國齊人而言齊師以公弗及大之也

夏齊人伐我北鄙衛人伐齊公子遂如楚乞師

乞重辭也得不得之辭也古者諸侯無師帥教衛

以贄元侯人乞師而我從之固已非矣況我不足而乞于人乎非正師之道也葉子曰齊自鹿上之會不復與楚通蓋欲與爭霸而我方與諸侯會楚盟于薄以釋宋公則棄齊而從楚矣故齊連年旣侵我又從而伐之我畏齊弗敢追反假楚以報怨所謂旣不能令又不受命者也召陵之盟桓公與我伐楚而楚服今我乃欲以楚伐齊而恃之以勝公之謀國爲可知已昔者滕文公嘗問於孟子曰滕小國也間於齊楚事齊乎事楚乎孟子告之以鑿斯池築斯城與民守之效死而民弗去使僖公而知此則齊不必畏楚不必恃蓋爲國必有自勝

之道故以僖公一見法焉

秋楚人滅夔以夔子歸

夔子何以不名申夔子也凡滅國之君内無君則不名然國滅而奔則不名國滅而以歸則名者著屈不屈也夔楚之同姓楚人責其不祀祝融與鬻熊夔子以熊摰有疾別於楚而不得祀楚用是滅焉則夔子爲有辭而未嘗屈故以出奔之辭書之見夔子非楚之所得歸也

冬楚人伐宋圍緡

伐國不言圍邑此何以言圍緡未能得宋先嘗之於緡也伐者問罪之師國未可得而先嘗之於其

邑非伐也爲後圍宋起也

公以楚師伐齊取穀

穀齊邑也内取外邑不書此何以書不正其伐取

公至自伐齊

二十有七年春杞子來朝夏六月庚寅齊侯昭卒秋八月乙未葬齊孝公乙巳公子遂帥師入杞

公子遂吾大夫之三命者也

冬楚人陳侯蔡侯鄭伯許男圍宋

楚子何以先諸侯主兵也於是宋襄公死矣而晉文公未與中國無霸楚子遂欲先諸侯而諸侯莫不從焉故貶而人之人楚子所以人諸侯也

十有二月甲戌公會諸侯盟于宋釋宋公

此前圍宋之諸侯也不序前目而後凡也宋公猶在圍則何以地宋盟于宋之國外是亦宋矣不嫌也曹南言南鄙北言北此何以不言方志於圍則不主方也楚圍宋而公不與於是如會而請盟焉惡矣何以不沒公公欲之也葉子曰吾何以知此盟爲圍宋歟僖公自陳穆公之盟雖以爲齊故然陳蔡鄭皆楚之與國也而公與之同好楚子得交中國蓋自是始矣春秋沒公而人三國則公宜與楚厚者也明年公雖不會盂而爲薄之盟以釋宋公然後五年伐齊之役乃乞師於楚而楚援之遂

以取穀則何以得於楚乎晉文公之興首伐衛以致楚而公爲之戍衛又責公子買之不卒戍而刺之則公之附楚審矣圍宋之役初雖不與會而爲盟豈有意於救宋哉殆亦若戍衛以成楚志爾楚子居申而後使子玉去宋若前盟而宋圍解何待既退而後命之是會圍非解圍也薄之盟公會而釋宋公宋之盟公會而圍宋公美惡不嫌於同辭也

二十有八年春晉侯侵曹晉侯伐衛

何以再見晉侯嫌侵曹與伐衛並也曹侵諸侯之田不用僖負羈而乘軒者三百人衛欲與楚見逐

於國人楚始得於曹而新昬於衛文公欲習齊桓之迹先攘楚以圖霸故自南河濟而侵曹歸而討衛罪因以怒楚而求戰何以不言遂侵曹非以伐衛也

公子買戍衛不卒戍刺之

公子買吾大夫之三命者也何以言不卒戍以買爲善遂事而不正其殺也衛自淮之會不復與諸侯通至文公卒始以莒故與我爲洮及向之盟以我爲楚與國而同好也故晉伐衛而我戍之以援焉買以晉不當敵而去之大夫出疆可以安社稷而專之可也則公畏楚而殺買不正也何以言刺

内殺大夫不言殺刺之爲言一曰訊羣臣二曰訊羣吏三曰訊萬民周道也若言察之審而後殺焉内辭也凡先刺而後名者殺有罪也先名而後刺者殺無罪也

楚人救衛三月丙午晉侯入曹執曹伯畀宋人

侵而不服然後入之數其罪而執其君伯討也故以侯執不歸之京師而畀宋人則伯討歟闕文也是當曰畀宋人田不言田經成而亡之也曹衛嘗侵諸侯之田矣晉侯圖霸欲怒楚而求戰先軫乃爲之謀使執曹君而歸諸侯之田晉侯於是侵曹數其不用僖負羈而乘軒者三百人奪所侵地以

還諸侯宋與得焉畀之爲言與也不曰與曰畀與者我物而歸之彼畀者彼物而受之我猶曰皇天用訓厥道付畀四方云爾葉子曰吾何以知畀宋人田爲闕文歟楚之圍宋在二十七年之冬宋公孫固如晉告急是時宋公蓋在圍也及諸侯盟于宋蓋即宋之城外以爲會宋公不與焉明年三月晉侯入曹執曹伯宋圍猶未解故再見宋使門尹般如晉師告急左氏載先軫始謀言我執曹君而分曹衛之田以賜宋人既而公説復言執曹伯分曹衛之田以畀宋人此其終事也楚子聞果命子玉去宋宋公於是始釋圍得歸而從晉城濮之

戰始見宋師則方執曹伯畀之者誰乎晉侯有疾侯獳貨晉史歸曹伯則曹伯之歸蓋自晉不自宋也是其畀之者田而已穀梁固不見其事左氏見之而不能辨蓋不知侯執之爲伯討也公羊雖知之而不悟其與京師楚同文亦求之經者不審

兩

夏四月己巳晉侯齊師宋師秦師及楚人戰于城濮

楚師敗績

晉怒楚而與之戰故晉與諸侯之師及楚人言晉之主戰也楚何以言人得臣之師也城濮衛地

楚殺其大夫得臣

得臣楚大夫之再命者也城濮之役楚子命得臣還師而不從楚子不能制怒而少與之師晉侯戰而師遂敗得臣之死罪累上也故以國殺

衛侯出奔楚

衛侯何以不名非二君也楚敗衛侯懼而出奔使其大夫元咺奉母弟叔武受盟於晉叔武不正其爲君而攝焉以内爲未君故不名衛侯也

五月癸丑公會晉侯齊侯宋公蔡侯鄭伯衛子莒子盟于踐土

衛子者何叔武也叔武既不正其爲君曰衛侯弟則既已攝其君矣曰衛侯則叔父未之敢君也故

與之以未踰年君之辭而繫之子賢之也

陳侯如會

如會者何非前約而來從會也何以不言乞會前無拒會而後無乞會如則得之也何以不言會陳侯以疾返而不及會也不及會則何以書如會成其意也

公朝于王所

何言乎王所天子所在曰所古者天子無事諸侯來見于京師則朝于廟中天子巡守諸侯來朝于方岳之下則朝于王所何以書非常也晉侯旣勝將合諸侯以尊王室遂爲踐土之盟作王宮於衡

雍王於是往而即焉何以不言王狩於踐土以王自往爲見正也何以獨言公朝於王所朝者諸侯各自致於王非有所期而後聽之者也

六月衛侯鄭自楚復歸于衛

衛侯何以復名成叔武爲君以惡衛侯也衛侯既命元咺奉叔武以受盟或訴元咺曰立叔武矣遂殺叔武之子及其歸也盟國人曰既盟之後行者無保其力居者無懼其罪衛侯先期入叔武聞君至喜而走出前驅公子歂犬華仲射而殺之故進叔武以爲君而名衛侯曰自楚楚有奉焉爾何以言復歸歸順辭也君而復其國以其道則順也

衛元晅出奔晉

元晅晉大夫之三命者也

陳侯款卒秋杞伯姬來

内女不言來此何以言來父母没矣伯姬不得來而來也

公子遂如齊冬公會晉侯齊侯宋公蔡侯鄭伯陳子莒子邾子秦人于温天王狩于河陽

狩者何天子適諸侯曰巡狩諸侯見天子曰述職巡狩者巡所守也何以書前以王之自往則不書今以晉侯召王而往則書蓋王以巡狩爲之名也葉子曰吾何以知晉侯召王而王以狩爲之名歟

春秋有諱而爲之辭者矣未有諱而變其實者也天王敗績於茅戎可以自敗見義不可以非敗而言敗也天王出居於鄭可以自出見義不可以非出而言出也使晉侯實召王而往春秋虛假之狩是加王以無實之名而免晉以當正之罪孰有如是而可爲春秋乎此自左氏失之而公羊穀梁復謂再致天子故通文公以全天子之行則又非矣使天子而可致雖書而何諱使不可致一致固已罪矣何再致而反通之乎天子之行不可以晉侯而苟全此春秋埀萬世之義也

壬申公朝于王所

前朝不言日蒙上癸丑見天子在焉諸侯即其所而朝也今朝言日見諸侯先會天子來狩而後朝也此因其日之可得而著者也何以不書月闕文也葉子曰吾何以知不書月之爲闕文歟春秋不以日月爲例吾固言之矣而其所謂闕文蓋有二焉有史失之而經不能益者有經成亡之而後世不敢益者故桓書五月而無夏昭書十二月而無冬有月而無時豈時不可推乎僖書壬申公朝于王所以上五月癸丑推之知其爲十月而不書定書辛巳葬定姒以上九月丁巳推之亦知其爲十月而不書有日而無月豈月不可推乎以公羊穀

梁言之可書而不書者皆義之所在也而二氏不能爲之説穀梁但於僖壬申不書月以爲晉文公致天子之罪其言亦已迂矣由是言之何日月例之云乎以爲史失之則經固可推而益也而不推非經成而後亡之者歟吾意以日繫月以月繫時此史之常例有不得則闕之而傳春秋者以爲非義之所在雖經之所見亦或略而遺之不然如是四者雖二氏且不能容其私豈後世可得而妄意之乎

晉人執衞侯歸之于京師

晉侯初伐衞衞侯請盟而晉不許故去奔楚而以

叔武受盟晉侯雖治殺叔父之罪而衛有辭非伯討也故以人執何以言歸之于京師諸侯有罪霸主執而歸之京師正也執之當其罪則曰歸于執之不當其罪則曰歸之于之緩辭也不與其正之辭也古者君臣無獄元咺訟衛侯晉侯宥元咺而刖衛大夫鍼莊子殺士榮歸衛侯于京師是以不與其正也

衛元咺自晉復歸于衛

元咺何以言復歸大夫出奔而位巳絶則不可以復歸者也歸而君復之則可自求復而歸則不可大夫之復歸惡也元咺訟衛侯而勝以文公之命

歸而立公子瑕求復而歸者也何以曰歸歸易辭
也有晉以爲奉則其歸爲易也

諸侯遂圍許

此會溫之諸侯也何以不序前目而後凡也遂繼
事之辭也

曹伯襄復歸于晉

曹未有君曹伯不名者也何以名不正其歸之不
以道也曹伯執於晉而未釋晉侯有疾使其豎貨
晉之筮史以脅晉侯晉侯於是釋曹伯以是爲非歸
之道也何以曰復歸歸順辭也君而復其國以其
道則順也

遂會諸侯圍許

二十有九年春介葛盧來

介附庸之國也葛盧介君之名也附庸之君以字見葛盧書名不滿三十里之國也來來朝也何以不言來朝公在會未見公也我接之云爾

公至自圍許

此會溫也何以不致會而致圍許春秋之辭也以爲晉侯召諸侯而會天子此不可以告宗廟者故歸而爲之辭以見正也

夏六月公會王人晉人宋人齊人陳人蔡人秦人盟于翟泉

會左氏作會公羊穀梁作公會當從二傳公不恥會則不没公也翟泉王城之内也此王子虎晉狐偃宋公孫固齊國歸父陳轅濤塗秦小子憖何以皆稱人不正諸侯不自朝王而以陪臣請盟也晉召王使諸侯皆來朝則自行天子還京師諸侯當朝于王則以陪臣往受命以諸侯爲無君故貶大夫而人之也諸侯貶則不以公爲恥也

秋大雨雹

雨雹不志此何以志記災也害禾稼傷人畜也

冬介葛盧來

此既見公而朝也何以不言朝習於用夷不能朝

也

三十年春王正月夏狄侵齊秋衛殺其大夫元咺及

公子瑕

公子瑕晉大夫之三命者也元咺訟君而專立公子瑕以叔武也衛侯將復使賂其大夫曰苟能納我吾以爾爲卿大夫於是殺元咺及瑕而衛侯入元咺之死罪累上也故以國殺瑕逾年之君也其曰公子瑕何瑕元咺之所立不與瑕之得成君則是猶公子也元咺立之則何以及公子瑕瑕不當受也爲曹子臧吳延州來則免矣葉子曰春秋正名以定罪可謂審矣衛之事當議罪者四人焉晉

侯也衛侯也元咺也公子瑕也晉侯以霸主逐人之兄而立其弟使骨肉更相殘衛侯始入則殺叔武再入則殺公子瑕暴戾而賊其親元咺以臣訟君君入則已出已入則君出立公子瑕衛侯在不命於天子而受國于元咺與霸主則失諸侯與諸侯則失霸主與君則失臣與臣則失君而春秋未嘗容心焉執衛侯不以爲伯討而晉侯之罪定矣復國特加之名而衛侯之罪定矣自晉歸以復書而元咺之罪定矣立踰年不稱君而公子瑕之罪定矣四者不相爲乘除而君臣之義方伯諸侯之職無不各得其正此君子斷獄之道也

四百六

衛侯鄭歸于衛

衛侯何以不言復歸絶之不與其復也衛侯既已殺叔武矣再歸不以爲非而又殺公子瑕以爲無君之道雖有其位而不可復也何以名子瑕在焉也何以曰歸歸易辭也元咺死則衛侯之歸爲易也葉子曰晉侯執曹伯歸於京師及其復也書曰曹伯歸自京師晉人執衛侯歸之于京師及其復也書曰衛侯鄭歸于衛而不曰歸自京師何哉曹伯伯討也諸侯將見子臧於王而立之子臧辭而奔於宋晉侯使曹人反子臧而歸其君天子許焉故子臧反而曹伯歸天子命之使君也衛侯非伯

討也辭閒固已容之矣及晉侯使醫酖衛侯不果魯公爲納玉於王與晉侯而後復焉雖曰命之非天子所以君諸侯之道也衛侯歸于衛而已京師天子之居也諸侯有奉曰自某歸于某自者諸侯所可爲也歸者諸侯所不可爲也自某歸而已天子有命曰歸自京師天子歸之而我自焉歸自京師者也衛侯命于天子而不得以京師言其爲天子者亦病矣

晉人秦人圍鄭介人侵蕭冬天王使宰周公來聘公子遂如京師遂如晉

如曷以言遂疾不專於王也遂如京師拜周公之

聘也曰因是而往聘晉焉非尊天子之道也大夫
出疆固有以二事行者矣必再見名公子遂會晉
趙盾盟于衡雍公子遂會雒戎盟于暴是也惟
天子不可以二事故諱爲之辭不再挈公子遂若
大夫之專事然葉子曰吾何以知是爲因之使聘
歟大夫之罪有曰盟曰城曰入者矣聽於人則可
盟兵在己則可城可入此遂而可得爲者也内大
夫如皆聘也必有禮焉非遂之所能爲也葢必受
之於君而後施之於其國以爲出疆之專則不可
也

石林先生春秋傳卷第十

後學　成德　挍訂

巴陵鍾謙鈞重刊

石林先生春秋傳卷第十一

葉氏

僖公四

三十有一年春取濟西田

濟西田我田而曹侵之者也晉侯執曹伯班其所侵地於諸侯而我受焉故曰取不繫之曹非曹之所得有也凡外取内邑外取内田皆不書恥也反而歸于我則書重地古者國亡大縣邑公卿大夫士皆厭冠哭於大廟三日君不舉以爲吾受之君而爲之守者失地則失其守矣是以謂之重也

公子遂如晉夏四月四卜郊不從乃免牲

郊何以言四卜四卜而不從免牲非禮也周郊以日至則不卜魯郊以上辛則卜求吉之道三以十二月下辛卜正月上辛不吉則以正月下辛卜二月上辛又不吉則以二月下辛卜三月上辛不吉則不郊牲所以祭也卜郊不從則無所用牲矣以爲嘗置之上帝不敢專也則又卜而免焉卜而吉則免卜而不吉則置之繫待庀牲而後左右之曷爲則謂之繫牲六月上甲始庀牲十月上甲始繫牲繫牲必在滌三月繫牲之道也曷爲則謂之免牲或曰爲之緇衣玄裳有司玄端奉送于南郊免牲之道也郊不過乎三月至春之末而止矣三卜

禮也四卜非禮也五卜強也故夏四月四卜郊不從而後免牲者非禮也葉子曰天子祭天諸侯祭土魯何以得郊天歟曰周公有勳勞於天下故成王賜魯以重祭使得用天子禮樂內祭則禘也外祭則郊也此記禮者之言也或以爲成王焉夫成王賢君也立國之道孰大於禮樂周公雖有勳勞可以人臣而僭天子之制乎聞之呂不韋之書曰此平王之末造惠公請於周而假寵於周公是平王爲之則可也然猶有降殺焉故郊不以日至而以卜辛禘不以祖之所自出而以文王望不通方望之祀而以三望門不兼五門之制而以天子皐

門爲庫門應門爲雉門雖有爲之别而孔子不與焉故曰魯之郊禘非禮也周公其衰矣然春秋何以無貶文其賜之者非春秋也禮有其廢之莫敢舉也有其舉之莫敢廢也非天子不議禮不制度不考文是先公所以受賜於先王者吾焉得而廢歟乃有賢君能因其壞請於王而復正之庶幾其可矣故郊之當其時不書禘之得其節不書凡書者皆非其時而失其節者非以譏郊禘也乃新作南門書新作雉門及兩觀書亦爲可因以革而不革反有加其度以僭天子則後之子孫有當其責者矣此君子所以每致意也

猶三望

三望者何禮天子四望方望之事無不通則四方無不祭也魯得用天子之禮樂而制不同故以泰山河海爲三望何以言猶三望望郊之細也猶可以已之辭也不郊亦無望猶三望非禮也葉子曰吾何以知三望爲周公之賜歟儒者或言四望天子之禮也三望諸侯之禮也周官典瑞用玉四圭有邸以祀天而上帝同焉兩圭有邸以祀地而四望同焉天地祭於圜丘方澤而四望各兆於國之四郊天地之祭以冬夏之日至而上帝四望無常時然詩書言柴未有不兼望者柴則郊也蓋陰陽

之義必參配故祀天之後則祭四望祀地之後則祭上帝周道也而三望之名於經無傳焉獨見於春秋諸侯山川不在其封內者不祭楚昭王所以不越江漢雎漳而祭河何魯之得祭泰山河海乎吾是以知其爲周公之賜而非諸侯之所得通也

秋七月冬杞伯姬來求婦

逆婦非姑道求婦非母道

狄圍衞十有二月衞遷于帝丘

三十有二年春王正月夏四月己丑鄭伯捷卒衞人侵狄秋衞人及狄盟

衞人何以及狄盟離盟不可以地狄也何以再見

衛人盟非侵之事也

冬十有二月己卯晉侯重耳卒

三十有三年春王二月秦人入滑

滑國也

齊侯使國歸父來聘

國歸齊大夫之三命者也

夏四月辛巳晉人及姜戎敗秦于殽

秦左氏穀梁作秦師公羊作秦當從公羊與秦以狄之也中國未有不言戰敗績者曰敗不以戰不以中國與秦也秦之為道伐人之喪而敗其盟一狄也出不意於襲人而幸其間二狄也戍人於其

國而反其君三狄也違老成之諫而縱其諼四狄也惡人之所與而人其國五狄也衛文公一用二禮誘邢而貶以名使杞子逢孫楊孫行其謀則鄭亦邢也而況甚於此乎疾之也此晉襄公也何以書人貶之也柩在殯而事外敵與夷狄而薄人於險非戰之道也何以及姜戎不使夷狄得與中國親也葉子曰穆公之誓孔子取之以爲書之終而殽之戰何以不免於狄春秋以正治人者也以一人而論情則君子不可以輕絶人改過不吝有湯之道焉雖録之於書可也以天下而論法則君子不可以輕許人一干正且不可而況於五焉則幸

容於春秋不可也如是而後可使人人皆立於無過之地而天下無一不善焉此春秋所以異乎書也

癸巳葬晉文公狄侵齊公伐邾取訾婁

訾婁邾邑也内取外邑不書此何以書取訾婁不正其伐取也

秋公子遂帥師伐邾晉人敗狄于箕

中國敗夷狄言敗不言戰其師敗績不以中國受敗於夷狄也

冬十月公如齊十有二月公至自齊乙巳公薨于小寢

小寢燕寢也不與其正也乙巳十一月之日也何以言十二月經成而誤也

隕霜不殺草

記異也霜者天之所以殺萬物也霜降矣而不殺草天反時而不能正其殺是以謂之異也

李梅實

記異也霜不殺物則有非所實而實者矣

晉人陳人鄭人伐許

文公一

元年春王正月公即位二月癸亥日有食之天王使叔服來會葬

叔服王之下大夫也諸侯喪天子以大夫送葬禮也前未有書會葬者此何以書正文公之僭也天子七月而葬諸侯五月而葬僖公之薨以十一月葬以四月僭七月矣天王以二月來會葬正也薨以十一月葬以四月則何以謂之僭七月哉僖公之末未有聞也舉天王之正見魯之不正所以正魯也葉子曰魯十有二公見葬者九文宣成襄定葬而得節者也桓莊僖昭葬而緩者桓以故而九月莊以亂而十一月昭以喪後至而八月皆有爲而然是雖緩也而無所嫌則慢葬而已矣僖葬以七月未見其所以然者也豈其尊之欲以擬天子

乎文公之事親亦已悖矣昔者孟武伯問孝於孔子子告之以無違曰生事之以禮死葬之以禮祭之以禮故大夫之簀曾子且不敢死而況諸侯而僭天子之葬凡文公之於僖公皆欲過厚而不知返陷其親於罪所謂細人之愛人以姑息者故未有一得於禮已練而作主逆祀而先其祖至是復僭天子而葬以是爲孝則亦違而已矣

夏四月丁巳葬我君僖公天王使毛伯來錫公命

毛伯王之上大夫也文公在喪未終不待其朝而錫命非正也

晉侯伐衛

叔孫得臣如京師

叔孫得臣吾大夫之三命者也

衛人伐晉秋公孫敖會晉侯于戚冬十月丁未楚世子商臣弑其君頵

商臣弑其君又弑其父而無異文極天下之辭無所加也正其名而君親之義盡矣

公孫敖如齊

二年春王二月甲子晉侯及秦師戰于彭衙秦師敗績

秦伐晉以報殽之役以晉侯及秦師言晉之主戰也

丁丑作僖公主

三百廿二

主者何練主也作主不書此何以書不時也禮既葬而虞虞有虞主既朞而練練有練主虞主喪主也既練則埋於兩階之間練主吉主也既祥則藏於廟未有非時而作者也三年之喪以二十有五月故朞而練練而祥僖公之薨至是十有六月矣蓋以遽吉爲不忍故從練而作之也

三月乙巳及晉處父盟

處父晉大夫之再命者也孰及之公也何以不言公及不以處父敵公也晉人以公不朝來討公如晉晉侯以處父[illegible]也何以不言公如晉恥也不地地於晉也

夏六月公孫敖會宋公陳侯鄭伯晉士縠盟于垂隴
士縠晉大夫之三命者也
自十有二月不雨至于秋七月
記災也不書旱非大旱也春秋惟大旱而後書故
見大旱則不見不雨見不雨則不見旱
八月丁卯大事于太廟躋僖公
大事者何祫也太廟周公之廟也天子之祭莫大
於禘則禘者天子之大事也諸侯之祭莫大于祫
則祫者諸侯之大事也大事於太廟不書此何以
書爲躋僖公起也躋升也僖公以屬於閔公則爲
兄閔公以世於文公則爲祖君子不以親親害尊

尊文公欲先其禰而後其祖故因祫升僖公以先閔公君子以爲逆祀也

冬晉人宋人陳人鄭人伐秦

此晉先且居宋公子成陳轅選鄭公子歸生也何以稱人不正其以兵爭既敗人而復伐之故敗而人之也

公子遂如齊納幣

納幣不書此何以書不正其以喪娶也僖公之喪始祥而公圖婚非禮也始祥則何以謂之非禮禮祥而縞是月禫徙月樂孟獻子禫縣而不樂比御而不入夫子曰獻子加於人一等矣禫而圖婚猶

喪娶也

三年春王正月叔孫得臣會晉人宋人陳人衛人鄭人伐沈沈潰夏五月王子虎卒

王子虎王之中士也外大夫不卒此何以卒翟泉之盟嘗主我而天子爲之赴也葉子曰嘗接我而喪之禮歟曰以義起也昔者孔子遇舊館人之喪入而哭之哀出使子貢脫驂而賻之子貢以爲重而子不從夫禮緣人情而以義起者也情有所不能已則義有所不能廢故嘗接於我則王必赴之赴之則必爲之變此禮之所由起也然則宰周公宰渠伯糾榮叔毛伯亦接我者也何以不卒蓋赴

三万九五五

則卒不赴則不卒君子不虛加之也

秦人伐晉

此秦伯也何以稱人不正其忘殽之悔爲彭衙之戰以取晉伐又從而濟河焚舟取二邑兵自是不解故貶而人之也

秋楚人圍江雨螽于宋

記異也自上而下謂之隕自下而上謂之雨雨螽死而墜也外異不書此何以書宋故也

冬公如晉十有二月己巳公及晉侯盟晉陽處父帥師伐楚以救江

處父何以氏始三命也救不言伐此何以言伐伐

所以爲救也君子錄人以意不責人以事圍陳所以納頓子故因納以見圍則圍非所責也伐楚所以救江故因救以見伐則伐非所責也江即滅矣何以獨錄其救救所能爲也不滅非所能爲也

四年春公至自晉夏逆婦姜于齊

孰逆之公也何以不言公諱以喪娶也此逆女也何以言逆婦成禮於齊也逆婦何以書以爲卿之事而公親之也何以不言姜氏公以喪娶夫人與有貶也婦人在家制於父既嫁制於夫貶夫人所以貶齊也哀姜之罪在其身故喪至言氏不言姜姓以別其身也出姜穆姜之罪在其父故逆與至

言姜不言氏以别其族也
狄侵齊秋楚人滅江晉侯伐秦衛侯使甯俞來聘
甯俞衛大夫之三命者也
冬十有一月壬寅夫人風氏薨
僖公之妾母也何以曰夫人致之爲夫人矣
五年春王正月王使榮叔歸含且賵
榮叔王之下大夫也歸含賵不書此何以書妾母
非王之所得含賵者也瀆夫婦之道而亂嫡庶之
别王無以繼天矣故去天何以不曰歸含及賵含
一事也賵一事也何以不言來上有逆禮則下有
慢令榮叔不自來也葉子曰名分禮之大也古者

立五教以正上下夫婦居其一焉其敘爲五典曰天敘秩之爲五禮曰天秩明其有所受也非王其誰任之歟禘于太廟用致夫人僖公之爲也使王而能用其政則僖公在所誅矣今王不能正其僭死又從而禮之則致之以爲夫人者殆請於王而王聽之者也春秋之去天非正其歸含且賵也正其成之爲夫人者也

三月辛亥葬我小君成風

成謚也

王使召伯來會葬

召伯王之上大夫也會夫人葬不書此何以書妾

毋非王之所得葬者也故王去天與含賵之辭一施之也葉子曰春秋一惡不再貶吾固言之矣妾母之不得爲夫人王去天既見於含賵則會葬何爲而復貶乎君子之待其君所以異於衆人也疾惡而一見貶吾以正天下之爲惡者而已彼自棄而不能改吾亦何用每致意焉曰是不足誅云爾乃吾以爲君則不可以不足誅而遽絶之也見一惡焉曰庶幾其或改也則從而亟救之又見一惡焉曰庶幾其或改也則又從而亟救之見者不已救者亦不已終必至於改而後止此君子之事其君者也含賵非矣吾爲之辭而去天以爲知其道

者宜於此焉變矣其不能變而至於會葬吾又爲之辭而去天以爲知其道者亦宜於此焉變矣是其存於心者豈有異乎則貶之者乃所以愛之也

夏公孫敖如晉秦人入鄀秋楚人滅六冬十月甲申許男業卒

六年春葬許僖公夏季孫行父如陳秋季孫行父如晉

季孫行父吾大夫之三命者也

八月乙亥晉侯驩卒冬十月公子遂如晉葬晉襄公

晉殺其大夫陽處父

晉以狐射姑將中軍趙盾佐之處父黨趙氏言於晉侯不以趙盾佐射姑襄公從之蒐而易中軍故

襄公死射姑使人殺處父於朝處父之死罪累上也故以國殺

晉狐射姑出奔狄

狐射姑晉大夫之三命者也

閏月不告月猶朝于廟

閏月者積日之餘以附于月也閏月何以不告月無是月也天子正歲年以序事各於其朔頒之於諸侯曰頒朔諸侯受而藏之於祖廟各於其朔朝廟而告行之曰告朔諸侯告朔不告月前未有書閏月不告月此何以書爲朝于廟起也無是月而不告正也有告朔而後有朝廟不告朔則亦無所

用朝矣閏月而朝廟非禮也猶者可以已之辭也葉子曰吾何以知閏月爲無是月歟日月所會謂之辰日月所合謂之朔辰之大數不過十二周天之度而居其舍爲十有二次日行一度而遲故三百六十日而成歲月行十三度有奇而速故三十日而成月日遲而月速每以三十日會於所次之辰所謂朔也閏既積日之餘以附於月則日月無所合是以斗指兩辰之間而無是朔無朔安得有月哉古者常月則聽朔於南門之外以告其月之事閏月則闔門左扉立於其中以聽其附月之餘事此禮之所由辨也春秋積月以編宣之十月書

夏四月丙辰日有食之在晦下見五月而中有己巳齊侯元卒己巳距丙辰十有四日則爲閏四月蒙上文不書襄之一十八年書十有二月甲寅天王崩下見正月而中有乙未楚子昭卒乙未距甲寅四十有二日則爲閏十二月蒙上文不書惟喪以月計故齊景公葬見閏月亦以無是月故不得別見天子旣不以是須朔則諸侯宜亦不以是告月

七年春公伐邾三月甲戌取須句

須句嘗爲我取矣何以復見再歸於邾也何以書不正其伐取也

遂城郚

書不時也

夏四月宋公王臣卒宋人殺其大夫

大夫何以不名大夫無罪也宋昭公即位欲盡去羣公子穆襄之族遂幸國人攻昭公而殺公孫固公孫鄭則大夫爲無罪矣何以曰宋人衆殺之也

戊子晉人及秦人戰于令狐

秦欲納公子雍而晉拒之故以晉人及秦人言晉之主戰也此趙盾之師也何以言晉人盾舍嫡而外求君逮其既悔復背約而禦秦師秦亦黨不正而與之戰故兩狄之貶而稱人不言敗績曰是猶

楚人及吳戰于長岸者云爾葉子曰吾何以知令狐之戰爲兩狄之歟春秋三十四戰未有不言敗績者以爲偏戰中國之辭也至于楚人及吳戰于長岸未必非偏戰而但言戰不言敗績以其皆夷狄是以略而與楚人敗徐于婁林於越敗吳于檇李之辭一施之其或言敗或言戰者蓋言敗績則勝負不可兩見故假內辭以別之戰則我敗也敗則我勝也此春秋重師之道雖夷狄不敢忽焉故河曲之役亦云今左氏以河曲爲交綏而公羊以河曲及此皆爲敵交綏猶言兩相敵而俱退也以左氏考之河曲趙盾恐獲趙穿而出戰因以俱退

猶云可也令狐乃趙盾潛師夜起以敗秦師何以
亦不書秦師敗績乎公羊葢不見其事而意之故
槩以爲敵豈三十四戰無一相當而獨見於此二
役乎其言亦不足據矣然則河曲何以不言及及
以別會内爲志也勝敗既不可不分則内外亦不
可不辨以爲兩欲無及之者故不得書戰非人之
所欲是以亦重責之者也

晉先蔑奔秦

先蔑晉大夫之三命者也何以不言出自戰而奔
也令狐秦地

狄侵我西鄙秋八月公會諸侯晉大夫盟于扈

此齊侯宋公衛侯鄭伯許男曹伯也何以不序不足序也趙盾背秦約而立靈公不以靈公會諸侯而已臨之諸侯以大夫執國命而靡然聽焉故諸侯不序大夫亦不名猶溴梁大夫之盟然不與大夫之得會諸侯也

冬徐伐莒公孫敖如莒涖盟

八年春王正月夏四月秋八月戊申天王崩冬十月壬午公子遂會晉趙盾盟于衡雍乙酉公子遂會雒戎盟于暴

何以再言公子遂以兩事出也趙盾晉大夫之三命者也

公孫敖如京師不至而復

復者事之未畢也事畢之辭謂之還事未畢之辭謂之復大夫受命而出君言不宿於家雖死以尸將事聞父母之喪則徐行而不返以君命爲不敢專事未畢而復罪也公子遂至黄乃復非自復也故地而以難言之乃難辭也公孫敖如京師不至而復自復也故不地而以易言之而易辭也

丙戌奔莒

何以不言出自外而奔也

螽宋人殺其大夫司馬

大夫司馬者何殺大夫與司馬也何以先大夫殺

大夫而後殺司馬也何以不言及異事也猶曰殺其大夫趙同趙括然司馬官舉上大夫卿也不名殺無罪也昭公不禮於襄夫人夫人因戴氏之族殺昭公之黨孔叔公孫鍾離及大司馬公子邛司馬握節以死則大夫司馬爲無罪矣

宋司城來奔

司城何以官舉卿也

九年春毛伯來求金

毛伯王之下大夫也求賻非矣求金又甚也不言使當喪未君也葉子曰天子諸侯在喪之稱禮不能詳左氏謂諸侯曰子此以春秋言之也其曰天

子曰小童則禮未之聞焉豈不曰余小子者乎公羊言世子君薨稱子某既葬稱子踰年稱公此亦以春秋之文次之爾至平王未葬桓王未踰年而求賻襄王未葬頃王已踰年而求金皆不稱天王則以爲當喪未君即位而未稱王也爲之説曰以天子三年然後稱王亦知諸侯於其封内三年稱子踰年稱公矣曷爲於封内稱子緣民臣之心不可一日無君緣終始之義一年不二君不可曠年無君緣孝子之心則三年不忍當也原公羊之義蓋以踰年稱公者民臣之稱封内三年稱子者孝子之自稱也則頃王即位已踰年此正曠年不可無

君者安得不稱天王乎至敬王在景王之喪踰年而狄泉書天王則以爲著有天子蓋求其說不得故意之而終不免相戾也以吾考之天子三年曰余小子諸侯曰子此自稱之辭也所謂三年不忍當者春秋與禮之所同也故天子崩有所謂小子王者矣天子即位踰年稱王諸侯即位踰年稱公此民臣稱之辭也所謂不可曠年無君者豈獨即位踰年哉康王始即位於柩前羣臣告之曰御王册命曰王再拜興則雖未即位踰年亦稱王矣蓋既爲之天子而不稱王諸侯而不稱公則無稱也所謂不可一日無君者也乃春秋所書則以踰年

未踰年葬未葬爲辨爾年者君之節也葬者臣子之終事也二者必兼盡而後可以爲君故以年爲辨者雖已葬未踰年不得稱君子赤卒不稱公是也以葬爲辨者雖踰年未葬亦不得稱君頃王求金不稱天王是也以頃王不得稱王則桓王未踰年未葬其不稱天王固宜矣然則敬王得稱天王其以踰年而又葬乎何以知之鄭莊公以五月卒七月葬厲公明年盟于武父稱鄭伯齊僖公十三月卒明年四月葬襄公五月會于艾稱齊侯則敬王之稱王亦固宜矣此春秋盡君親之道者也

夫人姜氏如齊二月叔孫得臣如京師辛丑葬襄王

葬天王不書此何以書不正其無故以大夫會葬也葉子曰吾何以知此爲不正大夫之會葬歟春秋固有禮所不見而可以情度之者葬天子親者也有不能親焉故也遂不葬則不可禮必有許之大夫將事者則靈王之葬鄭以在楚而以印段行是也天王崩見經者九其四不書葬書葬而見大夫者惟此與叔鞅二而已攷之於經襄王前年八月崩冬十月公孫敖如京師不至以幣奔莒此弔也明年書毛伯來求金則貨貝賵賻葢遂闕而不供焉此文公之怠也其於葬豈亦慢而不親往乎昭公前年冬如晉至河晉謝之不得見而復此朝

也明年天王崩王室亂寧昭公能朝晉而不能朝京師蓋避王子朝之難而不敢進焉此昭公之怠也其於葬豈亦畏而不親往乎慢與畏非故也大夫將事禮之所得通親往或有過不往而合禮所以四不書則無故不親往而違禮此所以二特書歟

晉人殺其大夫先都

先都晉大夫之三命者也晉侯蒐於夷將登箕鄭父先都而使士穀梁益耳將中軍先克不從於是四人作亂殺先克晉人復殺先都大夫有罪而衆殺之也故以人殺

三月夫人姜氏至自齊

内夫人出前未有書至者此何以獨書夫人出未有不告歸未有不致者也前此者或以會或以饗或以如師或父母没而歸寧皆禮之所不可爲者也而況孫與如他國者乎故内夫人出十有四皆不書至非不致也諱而没之也父母在而歸寧惟出姜得其節故書其正以見其不正焉葉子曰泉水載馳之詩孔子何爲而取歟善其思不失其正也父母亡而思見其兄弟於義未爲甚過也然而諸姑伯姊以爲不可則不敢違故曰遄臻于衛不瑕有害國亡矣思歸唁其兄於義亦未爲甚過也

然而許人以爲尤則不敢違故曰視爾不臧我思不遠古者婦人内不忘其宗國而外能止於禮義是以嫌疑之隙無自而萌而廉恥之心油然常存而不亡魯之亂始於不能正家家道之不正常自歸寧始春秋書變事不書常事夫人歸寧常事也宜所不書而不一書則終無以著其正故以出姜一見法焉

晉人殺其大夫士縠及箕鄭父

箕鄭父晉大夫之三命者也及者罪及之也士縠箕鄭父先都之黨也先都既死晉人復殺二人大夫有罪而衆殺之也故以人殺

楚人伐鄭公子遂會晉人宋人衛人許人救鄭夏狄
侵齊秋八月曹伯襄卒九月癸酉地震
記異也陽伏而不能出陰迫而不能散於是有地
震

石林先生春秋傳卷第十一

後學 成德 挍訂
巴陵鍾謙鈞重刊

石林先生春秋傳卷第十二

葉氏

文公二

冬楚子使椒來聘

椒楚大夫之再命者也楚大夫聘前未有以名見者此何以書進之也進者何始能以中國之禮通也故楚子得稱爵椒得稱名楚以爵見始於此乎孟之會嘗稱爵矣引之以貶諸侯則非進也大夫以名見始於此乎屈完宜申皆嘗稱名氏矣屈完以盟襃其身宜申以捷著其名則非進也前乎此書荆人來聘則以其用夷禮不得爵而名也後乎

此書楚子使薳罷來聘則已與之不得不爵而名也然則與其爲中國而始進之蓋在是矣春秋之惡夷狄非不深也驅而遠之常若不及至其可進也則未嘗絕焉故楚至以椒來聘而得與中國同吴至以札來聘而得與中國同孟子曰西子蒙不潔人皆掩鼻而過之雖有惡人齋戒沐浴可以事上帝此春秋用夏變夷之道也故曰惟仁者能好人能惡人

秦人來歸僖公成風之襚

襚者何歸死也貝玉曰含衣衾曰襚襚不書此何以書因外之弗夫人以見正也妾母繫之子曰僖

公成風禮也内既夫人之矣春秋所不得革猶以秦人之辭爲正也葉子曰含襚皆所以贈死也既葬而後歸之禮歟死喪之戚君子未有不致其哀者也然死而赴赴而弔則爲之含襚賵與之俱焉弔者降出反位而後含者執璧以入含者降出反位而後襚者執冕服以入其歸死者盡矣而後上介執圭將命曰寡君使某賵然而死三日而斂上下之所同也則含襚有不及其尸者矣先王待人以情而不責人以事故禮有既葬而至含於蒲席者稱其情而爲之也而左氏乃謂惠公仲子賵爲晛不及尸穀梁謂成風之含賵爲晛不周事者皆

妄也

葬曹共公

十年春王三月辛卯臧孫辰卒夏秦伐晉

秦何以國舉夷狄之也秦晉之讎久矣自四年晉侯伐秦不復報七年而爲令狐之戰蓋有爲而然也而公子雍之不可納秦固已失正矣如不可而退猶以爲愈也晉自是不出師者三年而秦復首興兵端終不忍小忿以殘其民則秦晉之怨無時而可息矣殽戰初以兩夷狄書之晉固與有責也至是則晉有辭矣是以獨歸惡於秦也

楚殺其大夫宜申

城濮之戰宜申兵敗楚子不殺以爲商公旣而沿漢泝江將入郢曰臣免於死又有讒言謂臣將逃臣歸死於司敗楚子復使爲工尹乃謀弒楚子遂殺焉宜申之死罪累上也故以國殺

自正月不雨至於秋七月及蘇子盟于女栗

蘇子襄內諸侯王之中大夫也孰及之公也何以不言公不與公之與內大夫交也公於內大夫有會盟無及盟及而離盟私交之也

冬狄侵宋楚子蔡侯次于厥貉

十有一年春楚子伐麇

麇國也

夏叔彭生會晉郤缺于承匡

叔彭生吾大夫之三命者也郤缺晉大夫之三命者也

秋曹伯來朝公子遂如宋狄侵齊冬十月甲午叔孫得臣敗狄于鹹

十有二年春王正月郕伯來奔

郕伯何以不名内未有君也葉子曰吾何以知郕之内無君歟衛侯鄭附楚晉文公興懼討使元咺立其弟叔武而奔楚叔武不當國而攝焉春秋不名鄭書衛侯出奔楚不嫌也踐土之盟叔武亦書子而不以爵見不君之也凡諸侯奔而不名惟此

兩見以類求之吾是以知其然也

杞伯來朝二月庚子子叔姬卒

子叔姬文公之女也何以書卒許嫁也

夏楚人圍巢

巢國也

秋滕子來朝秦伯使術來聘

術秦大夫之再命者也

冬十有二月戊午晉人秦人戰于河曲

何以不言及兩欲之也何以不言師敗績狄之也前既已狄秦矣此何以復狄秦前伐未得志而復伐晉晉以趙盾禦之於河曲謀深溝固壘以老秦

師秦軍掩晉上軍趙穿以其屬獨出趙盾不能禁
乃皆出戰以爲不能彊敵而復出以爭是以狄而
又狄也

季孫行父帥師城諸及鄆

諸鄆内二邑也以諸及鄆小大之辭也城則何以
帥師畏齊也莒有鄆魯有鄆莒鄆附庸也魯鄆吾
邑也齊嘗取其田矣是以城而有畏焉畏非城之
道也

十有三年春王正月夏五月壬午陳侯朔卒邾子蘧
蒢卒自正月不雨至于秋七月大室屋壞

世室左氏作大室公羊穀梁作世室當從左氏大

廟之室也古者將祭祀其廟則有司脩除之其祧以守祧黝堊之無壞之道壞久不脩也自文而上皆貶矣

冬公如晉衛侯會公于沓狄侵衛十有二月己丑公及晉侯盟公還自晉鄭伯會公于棐

公還不書此何以書善公之能平衛鄭也衛鄭皆嘗附楚而畏晉討故因公之朝往則衛侯會公于沓反則鄭伯會公于棐皆介公以請平于晉明年于是同盟于新城則公成之也一出而三國附楚以善其還焉

十有四年春王正月公至自晉邾人伐我南鄙叔彭

生師師伐邾

夏五月乙亥齊侯潘卒六月公會宋公陳侯衛侯鄭伯許男曹伯晉趙盾癸酉同盟于新城

晉始得諸侯衛鄭既請平從于楚者盡服故趙盾脩小伯之舊復爲同盟會而後盟故别見日會何以不日新城盟何以不目諸侯君子以趙盾之盟異乎小白之盟略之也

秋七月有星孛入于北斗

記異也五星之變爲彗孛彗也何以曰入北斗有環域自外入于環中也

公至自會晉人納捷菑于邾弗克納

納捷菑則何以言弗克納善之也此趙盾之師也
善之則何以言晉人不與大夫得專廢置君也古
者立嫡以長不以賢立子以長不以貴邾文公卒
無嫡捷菑貜且皆庶子也貜且長邾人立貜且晉
以捷菑已出而往納焉邾人曰子以其指則捷菑
四貜且六雖然貜且也長趙盾引師而去之君子
是以與其弗克納也故言弗弗者可納而不納也
然趙盾不納捷菑可專廢置邾君不可春秋不以
所可廢不可此趙盾所以不免於人也

九月甲申公孫敖卒于齊

内大夫卒于外不書此何以書録難也敖㓝奔莒

魯人立其子穀以爲後穀死復立其弟難敖請重賂以求復難以爲請許之未至而卒故與大夫卒于國內者同書君子以是録難也葉子曰吾何以知內大夫卒于外不書歟季孫行父以仲遂之故逐公孫歸父歸父走之齊魯人徐傷其無後於是立其弟嬰齊以後仲氏則歸父蓋死於齊矣然而春秋不見歸父之卒蓋位已絶則不得以大夫卒之也古者以大夫卒則得以大夫卒之蓋爲之變也不以大夫卒則不得以大夫卒之蓋不爲之變也敖雖許其復所非大夫則禮不得書卒書卒所以爲録難也使嬰齊能爲難則主必能盡其力以

復其身生不能復則死必能盡其力以歸其喪而嬰齊無間焉春秋之時臣弒君子弒父無國而無有則有如難者不得不貴所以盡人倫之至而示天下以大孝也故以難一見法焉

齊公子商人弒其君舍

公子商人齊大夫之三命者也舍未踰年之君也何以稱弒其君惡商人也成之爲君則可名以弒不成之爲君則不可名以弒商人取舍而代之者也君子以爲異乎里克之殺奚齊故成舍之爲君者所以正商人之弒也

宋子哀來奔

子哀宋大夫之高哀也何以曰子哀字也宋昭公無道哀爲蕭封人昭公命以爲卿哀不義其所爲知宋之將亂棄而來奔故以褒之字爲於治亂爲見幾於去就爲有義也

冬單伯如齊

單伯魯四命之孤也

齊人執單伯

單伯以事使於齊者也何以不稱行人單伯之執非以其事也商人暴子叔姬單伯因使而爲之請曰既殺其子安用其母商人怒遂執單伯非伯討也故以人執葉子曰單伯左氏以爲王大夫而公

羊穀梁以爲魯大夫道淫子叔姬而見執左氏固已失矣二傳亦得之而未盡也戎伐凡伯以歸不言執穀梁謂以一人同一國大天子之命春秋施於夷狄猶爾豈中國執天子之使而反與諸侯之辭一施之乎王大夫適他國初不書於春秋州公如曹劉夏逆王后于齊皆因過我而得見也則單伯何以得獨書經書單伯至自齊且執王大夫而魯書至此尤理之必不然者蓋左氏傳事不傳義也公羊穀梁雖以爲魯大夫然求其執而不得則意其爲道淫不近人情愈甚蓋二氏傳義不傳事也

齊人執子叔姬

子叔姬齊君舍之母也商人舍之庶弟商人既弑舍不禮於叔姬因單伯之請而執單伯故又執叔姬再見齊人别單伯之執非一事也凡國君自執其國人未有書執者子叔姬則何以書執春秋天下之大教也天下豈有無母之國哉言夫人姬氏則不可書執言子叔姬則可書執故以父母之辭言之若魯人然不使得見爲齊君之母所以存教也舍未踰年既成之爲君而正其弑則商人之罪無所逃矣故不再貶使天下之爲母者存亦以絶商人於天下也

十有五年春季孫行父如晉三月宋司馬華孫來盟

司馬官舉者也華孫華耦也官舉則何以復稱氏而不名貶也華樂皇皆戴族襄夫人殺大夫司馬三族與焉昭公立而不得自爲政華孫於是出而來盟以爲能其官則非也故不言使而加氏其不得以名見焉者嫌其與楚屈完同辭也屈完以君命出而專盟者也華耦不以君命出而擅盟者也

以爲若齊仲孫來則近之矣

夏曹伯來朝齊人歸公孫敖之喪

内大夫葬歸不書此何以書録難也敖死齊人飾其棺而寘諸堂阜難毁以請期年猶未巳立於朝

以待命魯人許之取而殯於孟氏之寢葬視共仲君子以是録難也春秋一惡不再貶一善不再襃難之善已特見於書卒此何以復書喪歸生雖許復其位死不能終歸其葬猶不復也故曰書之重辭之複其中必有美惡者焉春秋之意也何以不言來齊人許而我受之於齊也

六月辛丑朔日有食之鼓用牲于社單伯至自齊

内大夫如不書至大夫執而後書至大夫國體也

晉郤缺帥師伐蔡戊申入蔡

伐而以同日入故見日郤缺以上下軍伐蔡曰君弱不可以怠遂以戊申入會而以同日戰故先言

會而後言日伐而以同日入故先言伐而後言日
戰不爲期則近於詐伐不待服則近於陵
秋齊人侵我西鄙季孫行父如晉冬十有一月諸侯
盟于扈
此晉侯宋公衛侯蔡侯陳侯鄭伯許男曹伯也何
以不序不足序也齊子執叔姬晉率諸侯尋新城
之盟以謀伐齊晉受齊賂不克而還以諸侯爲不
足序也
十有二月齊人來歸子叔姬
來歸出也何以不言子叔姬來歸不正商人以子
出母也内女出皆以歸爲文見其以罪絶於夫之

通志堂

國也故國君出夫人使者將命曰寡君不敏不能從而事社稷宗廟使臣某敢告主人對曰寡君固辭不教矣敢不敬須以俟命天下豈有子而出其母者哉故以齊人來歸爲文曰齊人出之則可子叔姬無絶於商人者也

齊人侵我西鄙遂伐曹入其郛

郛外城也諸侯之國三里之城七里之郭城中城郛郭也入其郛而不入其城是亦入焉爾

十有六年春季孫行父會齊侯于陽穀齊侯弗及盟

弗及盟齊侯不肯與我盟也齊侯既歸子叔姬遂侵我西鄙我以季孫行父約齊侯而與之盟齊侯

不肯與大夫盟而後約若弗及然以齊侯爲愧矣

桃丘我往而不肯遇故言弗遇陽穀齊侯來而不

肯盟故言弗及盟

夏五月公四不視朔

不視朔不書此何以書言公之有疾也以公有疾

而書則凡不書者皆公無疾而不視朔也古者天

子皮弁以日視朝朔月則以玄端聽朔於南門之

外諸侯朝服以日視朝朔月則皮弁聽朔於太廟

未有天子聽朔而諸侯不視朝者也蓋自是不

視朔矣葉子曰是子貢欲去告朔之餼羊者歟子

曰爾愛其羊我愛其禮此春秋書不視朔之意也

六月戊申公子遂及齊侯盟于郪丘秋八月辛未夫人姜氏薨

僖公之夫人也

毀泉臺

毀泉臺何以書不正其聽於神而疑民也有蛇出於泉宮入國如先君之數旣而夫人薨魯人以爲妖遂毀泉臺非示民之道也葉子曰殷人率民以事神先鬼而後禮孔子以爲其民之敝蕩而不靜是以古者假鬼神時日卜筮以疑衆者誅不以聽孔子蓋知之矣故曰不語怪力亂神然後人知敬鬼神而遠之故以泉臺一見法焉

楚人秦人巴人滅庸冬十有一月宋人弑其君杵臼

稱人以弑微者弑君之辭也昭公既不得於襄夫

人夫人殺其大夫司馬而昭公無以自立矣即位

九年卒因昭公田孛郊甸之師而弑公故以人弑

十有七年春晉人衛人陳人鄭人伐宋夏四月癸亥

葬我小君聲姜

聲謚也

齊侯伐我西鄙六月癸未公及齊侯盟于穀諸侯會

于扈

扈之會晉侯宋公衛侯蔡侯陳侯鄭伯許伯曹伯

也何以不序不足序也宋既弑昭公晉侯復合扈

之諸侯以討宋亂而後不能以諸侯爲不足序也

秋公至自穀冬公子遂如齊

十有八年春王二月丁丑公薨于臺下

非正也

秦伯罃卒夏五月戊戌齊人弒其君商人

稱人以弒微者弒君之辭也商人爲公子與邴歜之父爭田弗勝即位掘而刖之而使歜僕納閻職之妻而使職驂乘游於申池二人遂弒公納諸竹中故以人弒

六月癸酉葬我君文公秋公子遂叔孫得臣如齊

使舉上介公子遂叔孫得臣何以並見二卿共使

也聘則何以二卿共使非常聘也其謀立宣公也
歟文公夫人姜氏生子赤其二妃敬嬴生宣公子
赤嫡而幼宣公庶而長敬嬴私事公子遂以屬宣
公文公薨遂於是欲立宣公問赤於叔彭生曰君
幼如之何願與子慮之對曰吾子相之老夫抱之
何幼君之云遂知不可乃殺彭生將見於齊侯而
請之以其非常聘故以得臣共使見重也聘禮君
與卿圖事遂命使者蓋使必以卿既圖事而後戒
上介衆介則以宰命司馬戒焉司馬掌士衆介以
士爲之則上介宜以下大夫得臣卿此非以爲介
蓋共使者也葉子曰公子遂莊公之子僖公之弟

也自僖公以來三桓之子孫始漸進四年公孫茲見文元年叔孫得臣見而叔孫氏強矣僖十五年公孫敖見而仲孫氏強矣文六年季孫行父見而季孫氏強矣終春秋之世莫之能去也僖之十六年公子友卒秋公孫茲卒三家子孫列於卿者惟公孫敖一人遂以二十八年得政雖後於敖然視三家爲最親故敖自十五年救徐之後不復用事所往來齊晉楚三大國之間至於入杞伐邾皆遂爲之魯之政蓋皆在遂焉文公立而遂益專及元年叔孫得臣見六年季孫行父見二氏雖復進而力未能與遂抗故其末年執政惟遂與叔彭生得

臣行父四人彭生既以不從而殺則得臣行父不得不畏而聽此其所以挾得臣與之偕行將以見此魯執政之意而非已之私也齊侯於是許之宣公立季孫行父亦如齊公遂會齊侯於平州以定其位則二人蓋皆與聞乎弑者歟

冬十月子卒

此弑也何以不書弑内辭也不書則何以知其爲弑不地則知其爲弑也遂既以賂請於齊齊惠公新立亦欲親魯而許之故遂歸弑赤而立宣公何以不名未踰年君之辭也

夫人姜氏歸于齊

歸者何大歸也子赤既死夫人無以容於魯執政於是謀而歸之齊執政謀之宣公從之齊人受之以爲一有禮義之心焉則不至於是也

季孫行父如齊莒弒其君庶其

稱國以弒衆弒君之辭也葉子曰弒君天下之大惡也春秋各正其名而無所加辭吾固言之矣而左氏不能盡辨乃曰弒君稱君君無道也稱臣臣之罪也夫國有不幸出於爭奪以庶而篡嫡如齊商人者立非其正黜於強臣如晉里克者繄以爲君無道可乎君君臣臣天下之大義也必以稱臣而後爲臣之罪則稱國爲非其罪可乎此左氏不

傳經臆以爲説者也故名書其事雖或僅得之而終不免惑其私故於庶其曰莒杞公生太子僕又生季佗愛季佗而惡僕且多行無禮於國僕因國人以弑莒公於密州曰莒犂比公生去疾及展輿既立展輿又廢之犂比公虐展輿因國人攻莒子弑之乃立若然則庶其當爲世子弑密州當爲公子弑何爲反書國與人乎以吾攷之庶其所謂多行無禮於國密州所謂虐國人而國人弑之者其言是也以爲僕與展輿之弑則不明春秋之義而妄信舊史之過矣惟公羊穀梁氏爲能近之蓋非傳經者不能辨吾是以於左氏所記事每不敢盡

以爲證必斷於經焉孟子曰盡信書不如無書吾於武成取二三策而已此之謂善學

宣公一

元年春王正月公即位

繼弑而書即位見宣志也葉子曰隱公之弑公子翬也子赤之弑公子遂也春秋於翬與遂皆無異辭至桓與宣則書即位以著其意何也春秋以道治弑君者三而正弑君不與焉鄭公子歸生非本弑夷者也懼人之譖已而從之故夷弑不書公子宋而書歸生楚公子比非親弑虔者也告之謀而不能拒故虔弑不書公子弃疾而書比晉趙盾非

實弒夷皐者也不討賊而居其位故夷皐弒不書穿而書盾書歸生者春秋之義也書比者春秋之情也書盾者春秋之教也翬與遂之罪固不得免矣然其所爲則桓宣之意也使以翬遂皆惡則凡天下之爲篡奪而弒其君者皆得因人而免矣此桓宣所以書即位也

公子遂如齊逆女

此喪娶也何以不言納幣在文公之世也

三月遂以夫人婦姜至自齊

遂不稱公子一事而再見者卒名之也文與宣皆喪娶也故出姜逆不稱氏穆姜至亦不稱氏其爲

貶之道同也何以不於其逆焉貶逆者未成婦也至者已成婦也出姜公自逆不與其自逆而沒其至則不得於至爲貶矣婦有姑之辭也

夏季孫行父如齊晉放其大夫胥甲父于衛

胥甲父晉大夫之三命者也放者宥之以遠也古者臣有罪待命於其境君賜之環則還賜之玦則去謂之放晉與秦戰于河曲胥甲父佐下軍臾駢佐上軍秦晉以力爭而民敝久矣秦師將退臾駢欲薄諸河胥甲父不可而止秦師遂遁至是八年晉患不得志於秦追咎胥甲父而放之非其罪也故以國放凡以國放者大夫無罪而君放之也以

人放者大夫有罪而衆放之也

公會齊侯于平州公子遂如齊六月齊人取濟西田

外取内田不書此何以書賂也宣公既請於齊而以弑立故以濟西田賂齊爲之辭言齊取若非我與之然齊稱人貶也曰濟西田不一地也

秋邾子來朝楚子鄭人侵陳遂侵宋晉趙盾帥師救陳宋公陳侯衛侯曹伯會晉師于棐林伐鄭

此趙盾之師也不言趙盾不以大夫會君也

冬晉趙穿帥師侵崇

趙穿晉大夫之三命者也崇國也

晉人宋人伐鄭

二年春王二月壬子宋華元帥師及鄭公子歸生帥師戰于大棘宋師敗績獲宋華元

華元公子歸生宋鄭大夫之三命者也鄭受命于楚以伐宋華元不服而禦之故以華元及歸生言華元之主戰也君獲不書師敗績大夫獲書師敗績君重於師師重於大夫華元獲再見宋華元盡力於戰不以獲恥華元善之也

秦師伐晉夏晉人宋人衛人陳人侵鄭秋九月乙丑晉趙盾弑其君夷皋

此弑者趙穿也曷以爲盾主弑盾正卿也臣弑君在官者皆殺無赦盾有憾於靈公而出聞靈公弑未

越竟非君命而自復不討穿反與之並列於朝君子以爲此同乎欲弑靈公者特假手於穿爾是以探其惡而誅也葉子曰左氏記盾事載孔子之言稱盾能爲法受惡爲良大夫而許之以越竟乃免此非孔子之言也弑君天下之大惡也有爲不爲爾使與聞乎弑雖在四海之外無所逃則安取於越竟使不與聞雖在朝如晏子其誰敢責之而況已出春秋書盾非以其實弑也穀梁氏載董狐之言曰子爲正卿入諫不聽出亡不遠反不討賊則志同志同則書重非子而誰是蓋推盾之志而加之弑者也左氏傳史不傳經故雖得於三言而莫

知春秋之義正在於志同則書重乃略而不言則盾爲實弑矣安有實弑君而爲法受惡是區區何足言者猶得爲良大夫乎親弑其君者其惡易見假手以弑其君者其惡難察使盾而得免則亂臣賊子皆將假諸人以肆其惡甚乎親弑君者矣故以趙盾一見法焉

冬十月乙亥天王崩

三年春王正月郊牛之口傷改卜牛牛死乃不郊

三年之内不郊初未有書者此何以書爲郊牛之口傷及牛死起也古者祭祀天子諸侯必有養獸之官君召牛納而視之擇其毛而卜之吉然後養

之朔月月半則皮弁素積以巡牲有帝牲有稷牲何謂稷牲后稷之牲也郊必以祖配后稷祖也未用謂之牛將用而全謂之牲故將祭展牲則告牷牷之爲言爲其全而無傷也帝牛不全則扳稷牛而卜之稷牛不吉或死則不郊郊牛之口傷自傷也改卜牛稷牛也傷者養之不謹死者若有譴之者也以宣公爲事天者怠矣葉子曰先王養獸之官曰充人其祀上帝享先王之牲繫於牢芻之必三月初未有間也散祭祀也牲則繫之國門而公羊氏乃以爲帝牲在滌三月於稷者唯具是視記禮者因之遂以爲事天神人鬼之別夫天地宗廟

先王以類求之者其文或有異至於齊明之誠豈有二哉此公羊氏之失也

石林先生春秋傳卷第十二

後學　成德　校訂

巴陵鍾謙鈞重刊

石林先生春秋傳卷第十三

葉氏

宣公三

猶三望葬匡王楚子伐陸渾之戎

陸渾之戎公羊穀梁作戎左氏作之戎當從左氏

不正其詐周也楚子將至雒觀兵于周疆假伐戎

以過之於是問鼎輕重焉是以謂之詐周辭閒容

之之緩辭也不與其正之辭也

夏楚人侵鄭秋赤狄侵齊宋師圍曹冬十月丙戌鄭

伯蘭卒葬鄭穆公

四年春王正月公及齊侯平莒及郯莒人不肯

不肯者非弗肯也義可從而不從曰弗肯義不可從而不從曰不肯鄭魯婚姻之國有莒怨公欲平之挾齊以脅焉義不足以服莒也莒人則不肯者非獨其君云爾

公伐莒取向

向莒邑也內取外邑不書此何以書不正其伐取也平人不肯而伐之莒固有辭矣又從而取其邑宜不能服莒也鄭亦自是不終其好而伯姬來歸矣

秦伯稻卒夏六月乙酉鄭公子歸生弒其君夷

此弒者公子宋也曷爲以歸生主弒宋欲弒靈公

而謀于歸生使歸生能爲公子友則宋之惡可遏而靈公亦免矣既不以告反畏宋譖而從之則成宋之弒者歸生之爲也春秋用法常施於所疑而不施於所不疑於所不疑則舉重於所疑則舉輕以見重宋之弒無可免之道而歸生嘗拒宋或疑於可免故治歸生則宋自見非以歸生薄宋也

赤狄侵齊秋公如齊公至自齊冬楚子伐鄭

五年春公如齊

公始即位公子遂季孫行父一歲而三聘齊猶可爲也至是更三時而再朝則魯失位而屈於大國至公而不可復亢矣

夏公至自齊秋九月齊高固來逆叔姬

高固齊大夫之三命者也

叔孫得臣卒

冬齊高固及子叔姬來

子叔姬來歸寧也宣公在而子叔姬歸寧篤矣何以書以高固之俱行也禮大夫非君命不越竟

楚人伐鄭

六年春晉趙盾衛孫免侵陳

孫免衛大夫之三命者也

夏四月秋八月螽冬十月

七年春衛侯使孫良夫來盟

孫良夫衛大夫之三命者也

夏公會齊侯伐萊秋公至自伐萊大旱冬公會晉侯宋公衛侯鄭伯曹伯于黒壤

八年春公至自會夏六月公子遂如齊至黄乃復

至黄乃復有疾也不書有疾君行有疾可復臣行有疾不可復大夫以君命出致使雖死以尸將事復　廢命也

辛巳有事于太廟仲遂卒于垂

有事者何四時之常祭也四時常祭不書此何以書爲仲遂卒猶繹起也仲遂弑君不得卒者也何以不言公子遂貶也貶則何以謂之仲遂宣公蓋

嘗賜之族矣曰是猶公子友之爲季友者也垂齊地何以地外也

壬午猶繹萬入去籥

繹者何祭之明日也夏曰復商曰肜周曰繹萬舞也籥節舞者也同謂之樂猶可以已之辭也禮大夫死廢繹公知其當廢而猶舉之故去其有聲者而存其無聲者以公爲無恩也葉子曰大夫死而廢宗廟之祭禮歟曰非禮也昔者曾子嘗問於孔子曰諸侯之祭社稷俎豆既陳聞天子崩后之喪君薨夫人之喪如之何曰廢則非此四者皆不廢也而況於宗廟乎然則繹之得廢何也繹非正祭

也禮有正祭有繹祭君子以爲祭之所以事其先者至矣而猶恐有所未盡故於其明日爲位於廟門之外而賓尸謂之繹正祭主於禮神而以宗伯將事繹祭主於禮尸而以士將事禮旣以是爲差則所以事其先者亦有間矣而大夫國體也未有聞其死而不哀者繹於祭爲輕大夫於國體爲重君子以所重權所輕則亦有時而可廢矣故檀弓記仲遂卒於垂壬午猶繹孔子以爲非禮也卿卒不繹則是特施之於繹而已春秋之時君臣之義薄矣無罪而殺大夫無國而無有君子以爲殺者吾無以救而死者又無以申其恩則天下無復與

爲臣者矣雖弑君之賊亦假之以致意故以仲遂一見法焉

戊子夫人嬴氏薨

宣公之妾母也何以稱夫人致之爲夫人也致之則何以不言致之内辭也葉子曰魯之妾母五仲子也成風也敬嬴也定姒也定弋也自仲子始見於隱公之世春秋書歸惠公仲子之賵考仲子之宫初獻六羽以見譏然仲子不爲夫人於惠公則隱公之譏如是而已至成風則僖公致之爲夫人矣魯之妾母爲夫人自成風始書禘于太廟用致夫人王使榮叔歸含且賵王使召伯來會葬秦人

來歸僖公成風之禭凡可以見譏者無不著所以正妾之不得爲夫人也然而書薨書葬正以夫人小君名之者蓋夫人之矣雖春秋不得而奪也自敬嬴而下惟定弋以哀公未君未得致之爲夫人而敬嬴定姒皆以夫人書使宣公襄公未嘗致之爲夫人則春秋惡得而名哉由是言之自成風而後凡爲妾母者蓋皆致之爲夫人而春秋不可以徧書故於成風一見正而敬嬴以下無譏焉臣子之義也

晉師白狄伐秦楚人滅舒蓼秋七月甲子日有食之既冬十月已丑葬我小君敬嬴雨不克葬庚寅日中

而克葬
敬諡也雨不克葬止而待之至於克葬禮也克之爲言致力而後勝之者也不克葬非弗葬也欲致力而不得也葉子曰諸侯之葬爲雨止禮歟禮也古者庶人縣窆不封不樹不爲雨止潦車載蓑笠蓋士之禮然言縣窆則有隧窆者矣言不封不樹則有封樹者矣言不爲雨止豈固有爲雨止者乎禮之降殺未有虛加之者亦各稱其情而已天子七月而葬所以待同軌諸侯五月而葬所以待同盟大夫三月而葬所以待同位非特以是爲節蓋禮有略而可得爲者有詳而不可得爲者可爲而

不爲則緩緩則不恪不可爲而爲則亟亟則不懷自大夫而上其禮以次加詳則有不可以遽爲者葬不爲雨止特爲士庶人言之爾諸侯旅見天子雨霑服失容雖入門猶廢而況送死之大乎或者乃以爲通上下之辭穀梁氏之失也

城平陽

不時也

楚師伐陳

九年春王正月公如齊公至自齊夏仲孫蔑如京師

仲孫蔑吾大夫之三命者也

齊侯伐萊秋取根牟

根牟附庸之國也
八月滕子卒九月晉侯宋公衛侯鄭伯曹伯會於扈
晉荀林父帥師伐陳
荀林父晉大夫之三命者也
辛酉晉侯黑臀卒于扈
扈晉地也何以不言卒于會會散矣晉侯以疾留
而卒也卒于寢正也卒于外非正也卒人道之終
也正不正不可以不謹故凡不卒于正寢者必地
焉魯君卒于路寢小寢楚宮臺下且志況其國外
乎葉子曰吾何以知晉侯之爲會散而留也凡諸
侯卒于師言師卒于會言會非不地也日師與會

則既有地矣春秋諸侯擅相征伐盟會雖不能無得罪於王法然有救災恤患謀事補闕之道焉故凡卒於是者葬之加一等則春秋實不得不與也不地而言師與會蓋録之也今會扈之後閒有荀林父伐陳之事而見卒非會散而何伐楚之役許男在焉及其卒書許男新臣卒而不言師歸卒其國中也扈之會晉侯在焉及其卒書晉侯黑臀卒于扈而不言會卒于會散也吾是以知之

冬十月癸酉衛侯鄭卒宋人圍滕楚子伐鄭晉郤缺帥師救鄭陳殺其大夫洩冶

洩冶陳大夫之三命者也靈公之惡洩冶見其微

則當諫諫而不從則當去逮其宣淫於朝而後言焉洩冶之死罪累上也故以國殺葉子曰洩冶其猶可以爲罪歟曰昔者晉假道於虞以伐虢宫之奇諫百里奚不諫孟子不多官之奇之諫而以百里奚爲智曰知虞公之不可諫而不諫可謂不智乎靈公之惡固有自來矣而孔寧儀行父者洩冶之所得治者也既不能誅二人以正一君又見不可而不能止雖未言之徒以殺其身則異乎從君於昏者無幾志士仁人無求生以害仁有殺身以成仁所貴於殺身者爲其足以成仁也殺身而不足以成仁君子何取焉然則比干非歟曰是不可

以一道也比干貴戚之卿微子既已去矣使比干而復去誰與扶其宗者故雖死不失其爲仁此君子所以立教也洩冶異姓之卿三諫不從則去而已何必至於死故曰所謂大臣者以道事君不可則止故以洩冶一見法焉

十年春公如齊公至自齊齊人歸我濟西田

此其爲賂也曷爲歸之以我爲能事已也何以不言取濟西田曰是我濟西田也而齊人反歸之乎公以是病矣邴鄭邑也我非所當入而入故於入言我惡其取濟西我田也齊非所當取而故於歸言我惡其與也

夏四月丙辰日有食之已巳齊侯元卒齊崔氏出奔
衛
崔氏崔杼也何以舉族杼齊之世卿蓋力足以專
齊者也其歸於是乎弑莊公
公如齊五月公至自齊癸巳陳夏徵舒弑其君平國
夏徵舒陳大夫之三命者也
六月宋師伐滕公孫歸父如齊葬齊惠公
公孫歸父吾大夫之三命者也
晉人宋人衛人曹人伐鄭秋天王使王季子來聘
季子王之季子也何以不名未大夫也未大夫則
何以書愛之使行大夫之事也以爲愛其子則可

以之行大夫之事則不可君子以天王爲愛其子而輕大夫也古者天下無生而貴者也二十而冠四十而仕五十而爵而後爲大夫雖天子之子猶士也故齊侯以其弟年來聘譏天王以季子來聘譏

公孫歸父帥師伐邾取繹

繹邾邑也内取外邑不書此何以書不正其伐取也

大水季孫行父如齊冬公孫歸父如齊齊侯使國佐來聘饑

饑者何食不足也一穀不登曰嗛二穀不登曰饑

三穀不登曰饉四穀不登曰康五穀不登曰大饑古者三年耕必有一年之蓄九年耕必有三年之蓄以三十年通計之則有九年之蓄故凶年可以補敗是爲教民之道二穀不登而饑其爲民者病矣何以於冬爲書冬五穀畢登之時也

楚子伐鄭

十有一年春王正月夏楚子陳侯鄭伯盟于辰陵公孫歸父會齊人伐莒秋晉侯會狄于欑函

外會夷狄不書此何以書惡晉侯也會中國之禮也郤成子求成于衆狄衆狄疾赤狄之強遂服于晉故即欑函以爲會欑函狄地也晉於是滅潞氏

甲氏及留吁以晉侯爲交夷狄而亂中國也葉子曰中國之惡夷狄久矣此固禮義之所不能及而何取於會乎雖楚之強主諸侯以爲會僅見於申然亦未嘗入其境而從之也自成之十五年吳始爲鍾離之會而我與晉齊宋衞鄭邾七國從之晉蓋不能有其霸自是遂復會于柤于向矣襄之五年吳始爲善道之會而我入其境蓋我欲叛齊而假吳以爲重自是遂復會于柤于鄫于橐皋矣此固中國之深恥也春秋所以皆殊會而主吳況於狄乎然吳之強天下莫與之爭則不可以不累書乃會戎狄於內則書公會戎于潛於外則書晉侯

會狄于欑函纔各一見而已以爲是不足録者知中國夷狄之辨則宜於此焉正之爾所以終見其賤夷狄之意也

冬十月楚人殺陳夏徵舒

楚人者何討賊之辭也

丁亥楚子入陳

此討賊也何以書入陳不正其欲縣陳也楚子之伐陳蓋在殺夏徵舒之先方其始謂陳人無動吾有討於少西氏遂殺徵舒而轘諸栗門孰知楚子之非討賊哉謂之入陳不可也則書楚人殺陳夏徵舒足矣及欲貪其地而有之雖能用申叔時之

言不終其志與得而不居者何以異則亦入陳而已故於是再見入陳與入國之辭一施之

納公孫寧儀行父于陳

公孫寧儀行父皆陳大夫之三命者也納者何與其納也公孫寧儀行父陳大夫之與君同惡者也則何以得言納能討賊者也臣弒君在官者殺無赦靈公之死陳人未有能討徵舒者寧儀行父獨訴之楚而君讎復讎欲不與之可乎然而以楚子納寧行則可以寧行爲陳之大夫則不可故不繫之陳不正其爲大夫而君由之以弒者也

十有二年春葬陳靈公楚子圍鄭

此入鄭也何以言圍與楚子也楚子圍鄭旬有七日鄭人卜行成不吉不服楚子退師復修城而進圍之又三月始克入自皇門鄭伯降楚退三十里而與之平則圍鄭者楚志入鄭者非楚志也葉子曰楚圍鄭葢怒其貳也以夷狄而爭中國雖有善焉義固不得與然此爲楚鄭言可也入國非諸侯之善辭自諸侯推之安有舉師問罪待之百日而不服雖得之有能不有其地與之平而去尚可以入國之罪責之乎春秋之法義不勝人則責其人人不勝義則責其義故言楚之於鄭則雖終天下而不可得若其義則諸侯之所不可奪亦不可以

楚而遂廢故以鄭一見法焉

夏六月乙卯晉荀林父帥師及楚子戰于邲晉師敗績

晉師救鄭聞楚平欲還先縠不可荀林父不能止而請戰故以林父及楚子言林父之主戰也

秋七月冬十有二月戊寅楚子滅蕭

蕭宋附庸之國也

晉人宋人衛人曹人同盟于清丘

是晉原縠宋華椒衛孔達也何以稱人貶大夫而始同盟也葉子曰左氏以言恤病討貳則然矣而曰不實其言而不書卿豈以衛救陳而晉不討楚

伐宋而晉不救者歟夫大夫盟而後能實惟向戌於宋爾春秋固有異文外此未有不叛者何獨於清丘責之是蓋知其爲貶而不知其說也

宋師伐陳衞人救陳

十有三年春齊師伐莒夏楚子伐宋秋螽冬晉殺其大夫先縠

先縠晉大夫之三命者也邲之敗固先縠之爲矣晉侯旣釋荀林父已而恥不得志復殺先縠先縠之死罪累上也故以國殺葉子曰晉之殺先縠宜若有罪然而春秋以國書之何也古之任將推轂而命之曰閫外之事將軍主之雖君命有所不受

邲之役晉侯既以荀林父主中軍而先縠佐之師之進退實在林父舉六卿之衆不能奪一先縠遂至於敗使歸而誅主將非林父其孰爲之首乎及其請死乃釋之而不問旣失刑矣已乃恥不得志獨追咎而殺之則先縠安得無辭此亦不免乎累上者也

十有四年春衛殺其大夫孔達

孔達衛大夫之三命者也宋責清丘之盟而伐陳以其附楚也孔達背盟而救陳衛侯不能止晉人以爲討衛侯懼乃復殺孔達以說於晉孔達之死罪累上也故以國殺

夏五月壬申曹伯壽卒晉侯伐鄭秋九月楚子圍宋
葬曹文公冬公孫歸父會齊侯于穀
十有五年春公孫歸父會楚子于宋夏五月宋人及
楚人平

外平不書此何以書宋故也此圍者楚子也不勝將去使子反乘堙而闚宋城宋華元亦乘堙而出見之各告以其情楚子怒子反曰以區區之宋猶有不欺人之臣可以楚而無乎楚子於是引師而去君子以是爲近王者之師也是子反華元也何以書人不與大夫得專平也何以宋人及楚人華元始告之曰憊矣易子而食析骸而爨子反曰嘻

吾聞之圍者柑馬而秣之使肥者應客是何子之情也乃告之曰吾軍亦有七日之糧爾盡此不勝將去而歸是宋有以先得楚者也

六月癸卯晉師滅赤狄潞氏以潞子嬰兒歸

潞氏赤狄之別種也以歸囚服也何以名賤之也

秦人伐晉王札子殺召伯毛伯

王札子者何王之子札也召伯毛伯者何王之上大夫也兩下相殺不盡此何以書不正其矯君命以殺二卿也何以曰王札子王之所親貴者也何以知其爲矯王命而殺之則當書天王殺其大夫其子札忿怒而殺之則春秋所不書也蓋王孫蘇

與毛召爭政使札子殺焉生殺王之大柄也札子得矯命而行之王之爲王者無幾矣召伯毛伯何以不名札子殺之也葉子曰吾何以知札子之爲王親貴者歟王子而爲卿大夫以邑爵見者書邑爵以氏字見者書氏字其未爲大夫則繫之王而已子瑕子虎是也然而晉人親貴卓則有曰卓子者焉衞人親貴伋壽則有曰伋子壽子者焉當時之辭也札子其猶是乎故得竊君命而矯用之春秋所以因而不革也

秋螽仲孫蔑會齊高固于無婁初稅畝

稅畝者何履畝而稅也古者藉而不稅野以一夫

受田百畝積九夫以爲井以其八爲私田一爲公田謂之藉國中自園廛至于漆林各視其地而征之多不過乎二十有五寡者止于十一謂之稅藉以田稅以地未有田而以畝稅者也舉貢之法而加之藉非正也魯蓋自是稅畝矣初有終之辭也葉子曰魯固有藉矣而又稅焉此哀公所謂二吾猶不足者歟

冬蝝生

記災也未成謂之蝝既成謂之螽冬螽未成之時也

饑

十有六年春王正月晉人滅赤狄甲氏及留吁

甲氏留吁皆赤狄之別種也曷爲以甲氏及留吁

嫌留吁之爲甲氏也

夏成周宣榭災

災左氏作火公羊穀梁作災當從二傳災天事也

火人事也春秋災不志火外災不書此何以書爲

成周也成周者何東周也宣榭者何宣王之榭也

室有東西广曰廟無東西广有室曰寢有广無室

曰榭榭所以講武事也

秋郯伯姬來歸

伯姬內女之嫁爲郯夫人者也來歸者何出也何

以不言鄭人來歸伯姬出有罪之辭也

冬大有年

五穀皆熟也

十有七年春王正月庚子許男錫我卒丁未蔡侯申卒夏葬許昭公葬蔡文公六月癸卯日有食之己未公會晉侯衛侯曹伯邾子同盟于斷道秋公至自會

冬十有一月壬午公弟叔肸卒

内大夫而後卒叔肸未爲大夫則何以書卒賢之也公子三命以名氏見再命以名見曰弟云者母弟也叔字也何賢乎叔肸宣公弒子赤而立叔肸不義宣公之爲欲去則曰兄弟也何去而之與之

財則曰我足矣織屨而食終身不食宣公之食君子以是爲賢也葉子曰是外書所謂紀季蔡季者也內不可繫之國故舉字以加諸名之上然則與季友仲遂奚辨季友仲遂皆正卿也故可以功得賜族叔肸未嘗爲大夫也則不嫌於爲族是謂春秋美惡不嫌同辭各於其事察之而已

十有八年春晉侯衞世子臧伐齊公伐杞夏四月秋七月邾人戕鄫子于鄫

戕者何暴之自外而賊殺之也鄫子不名惡邾也執之于邾而用之其虐固已甚矣戕之於鄫則又甚焉故人邾而不名鄫子其爲惡至於此極則亦

無所加辭也于鄶鄶亦有罪也國君而人得以戕之其爲國者亦已殆矣

甲戌楚子旅卒

楚前未有書卒者此何以書卒始能以赴通中國也楚自莊王以椒來聘而漸能從中國之習矣椒以是得名故至是復能以其卒來赴進之也何以不書葬辟其號也錄葬者當以主人之辭也

公孫歸父如晉

歸父仲遂之子也葉子曰齊晉蓋相與爲強者也宣公既因齊以得位勢不得厚齊而棄晉三桓又附齊以自固者也故自即位聘好之使與身自朝

齊者無虛歲而未嘗一與晉通及三桓既張雖仲遂疑亦不能堪將謀去之非稍謝齊而假於晉不可故六年始爲黑壤之會則仲遂之志也明年仲遂卒十年歸父始見逮晉景公復霸我始與諸侯爲斷道之盟歸父之爲此行殆行先君之志歟不幸宣公卒不克成君子猶以是録焉故後書還自晉至笙遂奔齊辭繁而不殺以與其正吾以是知左氏之言爲有證也

冬十月壬戌公薨于路寢歸父還自晉至笙遂奔齊

大夫出疆未有書還者歸父何以書善之也何以不氏一事而再見者卒名之也禮大夫出聘君薨

歸執去復命于殯如聘然後行喪禮季孫行父旣逐東門氏歸父還至笙墠帷復命于介袒括髮三踊而出遂奔齊君子以是爲善也葉子曰桓宣皆與聞乎弑而自立者也何以桓不書王而宣書王歟桓不書王非特以其弑也昔者衛州吁弑其君完石厚問定君於石碏石碏曰王覲爲可桓公死而後錫命蓋爲身未嘗覲王則桓之爲君非受命於王者也宣不言錫命則宣固嘗覲於王矣覲而受命則春秋雖欲奪之王而不可也

成公一

元年春王正月公即位二月辛酉葬我君宣公無冰

三月作丘甲

丘甲者何軍賦也古者謂甲士爲甲井田之法自九夫爲井積十六井而爲丘四丘爲甸而後有軍旅之賦舉甸之賦而加之丘非正也作者何起而用之也猶曰作其衆庶然葉子曰先王賦於民者二有口賦有軍賦口賦常賦也大宰所謂九賦斂財賄者是也軍賦非常賦也有軍旅之事則征之縣師所謂受法於司馬以作其衆庶及馬牛車輦使皆備旗鼓兵器而稍人作其同徒輂輦者是也然其爲法不可得而詳矣學者所言自丘出牛馬至甸爲一乘然後甲士步卒具焉者司馬穰苴之

法也然而司馬法甸而後出車一乘甲士三人而周官或謂甸爲乘自天子建國至於大夫皆以乘爲差則甸固乘之所出司馬法蓋本於周特其損益不可知爾故周制有言六畜車輦者則牛馬在焉有言六畜兵器者則甲士在焉而魯以丘爲之是與子産作丘賦者同越先王之政而四之其厲民亦已甚矣蓋魯自是有以四軍出者非多作其民則何以能成左氏以爲有齊難故作丘甲此獨知之而公羊穀梁乃以工民爲言審農工不相亂則何待丘使而始譏乎彼固不知先王有作民之政也

夏臧孫許及晉侯盟于赤棘

臧孫許吾大夫之三命者也

秋王師敗績于茅戎

茅戎戎之别種也何以不言戰王者無敵莫敢當也爲之辭曰敗績于茅戎言王之自敗非敗於戎云爾葉子曰魯言戰不言敗内辭也言戰而不言敗其師則我固敗矣敗所恥也戰非所恥也故以戰見敗戰者諸侯之所宜有也王言敗不言戰天下辭也言敗績則固戰矣自敗可言也戰而敗不可言也故以敗見戰敗者雖王亦或有也

冬十月

二年春齊侯伐我北鄙夏四月丙戌衛孫良夫帥師及齊師戰于新築衛師敗績

衛使孫良夫石稷甯相向禽將侵齊與齊師遇石稷欲還良夫不可而戰故以良夫及齊師言良夫之主戰也

石林先生春秋傳卷第十三

後學　成德　校訂

巴陵鍾謙鈞重刊

石林先生春秋傳卷第十四

葉　氏

成公二

六月癸酉季孫行父臧孫許叔孫僑如公孫嬰齊帥師會晉郤克衛孫良夫曹公子首及齊侯戰于鞌齊師敗績

叔孫僑如公孫嬰齊皆吾大夫之三命者也郤克公子首晉曹大夫之三命者也晉以郤克之怨因我與衛請師而與曹共伐之故以我會三國及齊師言四國之主戰也行父許僑如嬰齊以四卿出則四軍也古者師雖衆必有元帥焉四卿並見則

大夫強而莫相爲屬也大國三卿四卿僭矣諸侯無軍四軍悖矣葉子曰天子作師公帥之以征不德元侯作師卿帥之以承天子諸侯有卿無軍帥教衛以贊元侯周道也則諸侯非方伯連帥蓋未之有軍焉天子之軍寓於六卿無事則散於國及有事而用則各以其卿爲之將故大爲六軍小爲三軍者天子元侯之制也周衰征伐自諸侯出列國始各自爲軍而以其卿將之故晉初以一軍爲晉侯至獻公而作二軍與太子分將文公之霸遂增三行以爲六軍則他國蓋可知也然猶時出而用之未嘗立以爲定制也魯之僭軍自隱公以來

見於征伐有自來矣其不見於春秋者猶有元帥以揔之也至是季孫氏雖專國而臧孫氏叔孫氏與嬰齊猶未盡聽是以春秋因以見焉逮成之六年仲孫蔑叔孫僑如侵宋以二卿見自是二卿將者九昭之十年季孫意如叔弓仲孫貜伐莒以三卿見自是三卿將者二蓋魯且三分公室以爲三軍則時出而用焉者固非其君所得制也

秋七月齊侯使國佐如師己酉及國佐盟于袁婁

國佐齊大夫之三命者也師已敗矣何以言如師追奔及於袁婁而未退也齊於是使國佐以賂爲請孰及之諸侯之大夫也何以不言諸侯之大夫

不與大夫得專盟也使齊侯既敗而佚使國佐以紀甗玉磬與地賂晉曰不可則聽客之所爲國佐致賂晉人不可曰以蕭同叔子爲質反魯衛之侵田而致使齊之封内盡東其畝國佐辭而請戰晉人於是昳魯衛之使使爲之請而後與之盟袁婁之盟國佐之爲也故不繫之於齊制在國佐也何以再見國佐與之也

八月壬午宋公鮑卒庚寅衛侯速卒取汶陽田

汶陽田我田而齊侵之者也齊既服於晉以反魯衛之侵田於是復歸于我故曰取不繫之齊非齊之所得有也

冬楚師鄭師侵衛十有一月公會楚公子嬰齊于蜀

公子嬰齊楚大夫之三命者也始宣公欲求好於楚不克而薨故公即位受盟於晉楚共王立嬰齊欲以威脅中國而爭長故與鄭侵衛之師召諸國而盟之公懼欲附楚於是先諸侯而與之會不沒公公欲之也

丙申公及楚人秦人宋人陳人衛人鄭人齊人曹人邾人薛人鄫人盟于蜀

此公子嬰齊也何以復稱人不與嬰齊爭中國而諸侯皆以其大夫受盟也故秦右大夫宋華元陳公孫寧衛孫良夫鄭公子去疾及齊國之大夫皆

貺而人焉始晉伐齊楚將以嬰齊救之嬰齊曰君弱羣臣不如先大夫師衆而後可乃悉師王卒盡行而強冠蔡許之君以爲左右諸侯莫敢不聽則嬰齊之爲也何以不沒公是公往會焉而求盟者也葉子曰楚自莊王討夏徵舒滅陳而復封之既得鄭而不有不奪子反之言而與宋平諸侯皆有畏楚之意蓋幾於霸矣及其卒也遂能以赴通中國楚子書卒自莊王始然見於春秋未嘗因其善而少進焉豈終不以中國之無霸而假夷狄歟及共王立而弱未知諸侯之復能從楚也而我與晉方爲伐齊之役故嬰齊始以卿出悉師王卒盡行

以救齊蓋將挾其衆以威我遂以蔡侯爲左許男爲右以侵衛方是時使中國而有主嬰齊必有爲之所者矣而二國之君十國之大夫方且拱手而不敢違則夷狄幾何不横行於天下乎此春秋之所以謹也是以莊王不爲無善而未嘗得一褒嬰齊始見其强而力過之夫然後知中國之有與存者矣

三年春王正月公會晉侯宋公衛侯曹伯伐鄭辛亥葬衛穆公二月公至自伐鄭甲子新宫災三日哭

新宫宣公之室也何以不曰宣公禮焚先人之室三日哭成公既已盡之矣謂其志爲已哀故不忍

以謚舉也
乙亥葬宋文公夏公如晉鄭公子去疾帥師伐許
公子去疾鄭大夫之三命者也
公至自晉秋叔孫僑如帥師圍棘
棘邑也邑不言圍此何以言圍内邑也
大雩晉郤克衛孫良夫伐廧咎如
廧咎如赤狄之别種也
冬十有一月晉侯使荀庚來聘衛侯使孫良夫來聘
丙午及荀庚盟丁未及孫良夫盟
荀庚晉大夫之三命者也荀庚孫良夫何以不繫
國不與其得專盟也古者大夫出聘受命不受辭

辭無所受而說以爲專盟則非也孰及之公也何以沒公非公欲也

鄭伐許

鄭何以舉國狄之也鄭自邲之役叛晉而從楚不復與中國交許靈公之弱前既屈于公子嬰齊失位而不得列於諸侯矣鄭方以公子去疾伐之未知許之爲罪也曾未三時而再伐焉此其爲道馮弱犯寡必有中國所不爲者而史失之矣

四年春宋公使華元來聘三月壬申鄭伯堅卒杞伯來朝夏四月甲寅臧孫許卒公如晉葬鄭襄公秋公至自晉冬城鄆

鄆內邑也冬城之節矣何以書不正其所以城也前季孫行父帥師城之雖時亦不書畏齊也今公欲判晉而求成於楚城之以爲備雖時亦書畏晉也葉子曰晉築蒲與屈士蔿曰無戎而城讎必保焉楚囊瓦欲城郢沈尹戌曰苟不能衞城無益也夫城雖以爲守而非恃以爲守者也故城之非其道以讎則不能拒以己則不能衞而況介於齊晉二大國之間者乎君子以是爲非守國之道也

鄭伯伐許

五年春王正月杞叔姬來歸仲孫蔑如宋夏叔孫僑如會晉荀首于穀

荀首晉大夫之三命者也

梁山崩

記異也梁山晉河上之山也何以不繫晉非晉所封也

秋大水冬十有一月己酉天王崩十有二月己丑公會晉侯齊侯宋公衛侯鄭伯曹伯邾子杞伯同盟于蟲牢

杞伯何以序邾子下杞之習用夷禮久矣今雖能變復能稱伯猶抑之不得使與諸侯齒時王之爲也

六年春王正月公至自會二月辛巳立武宮

武宫武公之宫也禮天子七廟諸侯五廟天子親廟四祧廟二祖有功而宗有德則又有不毁之廟焉同謂之祧諸侯有廟無祧武公之廟毁矣毁而復立非禮也僭天子而益五廟亦非禮也葉子曰周衰先王之禮樂盡廢矣古者師出必於廟受命而春秋諸侯蓋有各於其先而私禱者焉功成則爲之立宫其爲說則吾不知也故季孫意如逐昭公禱於煬公因爲之立煬宫武公伯禽之九世孫敖也謚之曰武其必有稱此名者豈鞌之戰季孫行父亦私有以請之者歟是蓋以爲周有文武二祧故以武公配伯禽亦已僭矣記禮者不知遂曰

魯公之廟文世室也武公之廟武世室也使誠如記禮之言以爲天子之禮而成王賜之亦安能遽先其九世而名之歟儒者之妄每如是不可以不察也

取鄟

鄟附庸之國也

衛孫良夫帥師侵宋夏六月邾子來朝公孫嬰齊如晉壬申鄭伯費卒秋仲孫蔑叔孫僑如帥師侵宋楚公子嬰齊帥師伐鄭冬季孫行父如晉晉欒書帥師救鄭

欒書晉大夫之三命者也

七年春王正月鼷鼠食郊牛角改卜牛鼷鼠又食其角乃免牛

郊牛之口傷以漸傷也故言之緩辭也鼷鼠食郊牛角忽然而食之非漸也故不言之亟辭也何以書以尨牲之道爲未盡則非所以事天也

吴伐郯夏五月曹伯來朝不郊猶三望

凡免牛免牲不書不郊免牲與牛則不郊可知矣此何以再見不郊爲猶三望起也不郊而望非禮也正月免牛五月而望尤非禮也

秋楚公子嬰齊帥師伐鄭公會晉侯齊侯宋公衛侯曹伯莒子邾子杞伯救鄭八月戊辰同盟于馬陵公

至自會吳入州來冬大雩衛孫林父出奔晉

孫林父衛大夫之三命者也

八年春晉侯使韓穿來言汶陽之田歸之于齊

韓穿晉大夫之三命者也汶陽我之舊田也晉爲霸主可使齊人反我之侵田不可使我復以與齊名不正則言不順言不順則事不成韓穿之言不可以爲順也故辭皆容之之緩辭也不與其正之辭也

晉欒書帥師侵蔡公孫嬰齊如莒

公孫嬰齊吾大夫之三命者也

宋公使華元來聘夏宋公使公孫壽來納幣

公孫壽宋大夫之三命者也納幣不書此何以書以宋公使公孫壽爲得禮也昏禮無父則母命之無母則己命之公孫壽言使無母之辭也無父則母命之不以母命而已命之則非正故紀裂繻不言使以母命之得禮一見正也無母則已命之不以已命而以諸父兄命之則非正故公孫壽言使以已命之得禮一見正也葉子曰昏禮不稱主人然歟非也禮國君求昏之辭曰請君之玉女與寡人共有宗廟之事其父母納女之辭於天子則曰備百姓國君則曰備酒漿大夫則曰備灑埽未嘗不親命之不稱主人於禮未之聞也爲是說者特

出於公羊蓋以紀裂繻不言使而云爾然公子遂如齊逆女内之言如則外之言使也昏姻之道一在我則得言如在彼則不得言使可乎夫公羊氏既以無母則當稱諸父師友矣宋公無母又安得以辭而言使弟稱其兄禮爲支子之無父者非宗子也乃師友則友非禮之所見安有合二姓之好以奉宗廟社稷而受之於他人者其亦何辭以見祖考是皆不可行於春秋則公羊氏不學禮之罪也

晉殺其大夫趙同趙括

趙同趙括皆晉大夫之三命者也趙朔晉侯之壻

朔死而同括之弟嬰亂其室同括不請於君而放之齊於是朔之室訴於晉侯曰同括將爲亂晉侯不察而殺之同括之死罪累上也故以國殺

秋七月天子使召伯來賜公命

賜公命穀梁作錫左氏公羊作賜當從二傳賜命如命也禮子男五命服毳冕侯伯七命服鷩冕上公九命服袞冕有加焉則賜固有服過其爵者矣而非有德者莫之與也臨諸侯曰天王君天下曰天子錫命常也賜命非常也成公即位其德未有聞而王賜之濫矣故以君天下之辭言之曰是天所以彰有德者吾雖有天下繼天而爲之子不得

而私爾

冬十月癸卯杞叔姬卒

叔姬已出於杞矣何以復繫之杞雖出而未許其絶也曷爲未許其絶我將脅杞而復歸之也

晉侯使士燮來聘

士燮晉大夫之三命者也

叔孫僑如會晉士燮齊人邾人伐郯衛人來媵

媵不書此何以書爲二王後見正也禮天子一娶十二女媵三在焉諸侯一娶九女媵二在焉宋二王後得用天子之禮者也禮不求媵與爲好者自往媵之所以一夫人之尊衛人來媵矣晉人秦人

復來媵是天子之制也前是必有不得其正者故
書以見正也葉子曰吾何以知天子之備三媵歟
天子諸侯後宮之數禮不可盡考矣曲禮言天子
有后有夫人有世婦有嬪有妻有妾公侯有夫人
有世婦有妻有妾而昏義言天子后立六宮三夫
人九嬪二十七世婦八十一御妻與周官略同而
無妻妾則世婦者所謂妻而御妻者所謂妾也諸
侯有世婦妻妾而無嬪蓋下於天子矣而不列其
數至媵則皆未嘗見獨公羊以爲諸侯娶一國則
二國往媵之諸侯一聘九女是諸侯一夫人而二
媵夫人與媵皆有左右姪娣合而爲九所謂一娶

九女也媵當爲諸侯世婦之稱下夫人一等故詩江有汜以媵配嫡爲言以是推之則天子后宜三國往媵而三夫人者王后之媵也后與三夫人皆有左右姪娣合而爲十二則亦所謂天子一娶十二女者也蓋自夫人世婦至女御皆婦官之名而媵與姪娣者皆其相與爲稱之辭以媵爲夫人世婦則姪娣者又下媵之稱而爲嬪與妻妾者也故女子謂昆弟之子爲姪而同出謂後生者爲娣禮稱世婦獻繭於夫人夫人副褘而受之祭祀夫人副褘立於房中副褘王后之服也先儒皆以爲二王後之夫人得從后之服則三夫人之數宜亦備

焉此宋所以得三國之媵歟公羊乃以三國媵之爲非禮此知諸侯之制而不知宋之禮也

九年春王正月杞伯來逆叔姬之喪以歸

既以杞夫人卒之矣則脅杞伯而歸其喪者非正也故辭閒容之之緩辭也不與其正之辭也

公會晉侯齊侯宋公衛侯鄭伯曹伯莒子杞伯同盟于蒲公至自會二月伯姬歸于宋夏季孫行父如宋致女

致女不書此何以書爲二王後見正也禮女嫁舅姑沒三月以奠菜之禮見於禰廟稱來婦成其爲婦也父母之家因使大夫致之謂之致女致之者

何亦所以成其爲婦者葉子曰致女舅姑没之禮也昏禮同牢之夕婦已見於廟矣質明復以棗栗腶脩贄見於舅姑所以成婦禮也舅姑入室婦盥饋以特豚以明婦順厥明舅姑以一獻之禮饗婦授之室事以申著代而婦道成矣乃舅姑没則未之有施也故三月擇日而祭於禰廟三月者天道之一變也是以女未廟見而死不遷于祖不祔于皇姑壻不杖不菲不以歸葬于女氏之黨示未成婦則三月父母從而致之者其亦成其女於舅姑者歟先儒乃槩謂舅姑存之禮以爲聘問以篤昏姻之好故左氏以齊侯使弟年來聘爲致夫人文

姜是蓋不知有禰廟之祭此左氏不學禮之罪也
晉人來媵秋七月丙子齊侯無野卒晉人執鄭伯
楚人以重賂求鄭鄭伯背蒲之盟與公子成會于鄧
晉侯執之因以伐其國乃復以鍾儀之使與楚修
好而結成遂歸鄭伯非伯討也故以人執
晉欒書帥師伐鄭冬十有一月葬齊頃公楚公子嬰
齊帥師伐莒庚申莒潰楚人入鄆
鄆莒附庸國也
秦人白狄伐晉鄭人圍許城中城
中城公宫之城也楚既入鄆公懼其來偪故修中
城以備之不正其衞己而外民也

十年春衞侯之弟黑背帥師侵鄭
衞侯之弟云者母弟也何以稱弟兵凶器戰危事也不以其可將者將焉而私其弟非愛其弟之道也
夏四月五卜郊不從乃不郊
卜郊不從何以或言乃免牲或言乃不郊郊祭之大不可斥其廢故以免牲見之也免牲則不郊可知矣卜免牲而不得然後言不郊辭窮也免牲之道必卜卜而吉則免卜而不吉則不免安置之繫以待庀牲而左右焉卜郊者月一卜之也三卜而求吉者盡矣此四月而五卜謂其遠而卜其中辛

也五卜非禮也卜其中辛尤非禮也莫甚乎其以
四月五卜也
五月公會晉侯齊侯宋公衛侯曹伯伐鄭齊人來媵
丙午晉侯獳卒秋七月公如晉
弔厲公也諸侯之喪大夫弔公弔非禮也於是晉
人疑公貳於楚止公使送葬以待羅茷諸侯莫在
焉是以景公不書葬以公親會爲恥也
冬十月
十有一年春王三月公至自晉晉侯使郤犨來聘己
丑及郤犨盟
郤犨晉大夫之三命者也何以不繫晉不與其得

專盟也孰及之公也何以泼公非公欲也
夏季孫行父如晉秋叔孫僑如如齊冬十月
十有二年春周公出奔晉
王大夫奔未有言出者此何以言出以周公也三
公論道經邦與王同德故繫之周此宰周公楚也
自周無出言宰楚則可出言周公則不可出故言
周公不言宰惡楚也葉子曰坐而論道謂之王公
作而行之謂之士大夫三公之爲德上有同於王
而下有别於士大夫則天下之大蓋有共當其任
者矣天子有道有會朝無出居天王出居于鄭恥
也三公有道有經邦無出奔周公出奔晉惡也王

子瑕奔晉尹氏毛伯召伯以王子朝奔楚皆不出言周非卿大夫之所得任也是以諸侯之大夫奔言出以其國別也王卿士大夫奔不言出不以其國別也必有不可出者而後言出則出者上下之所病也公羊以為自其私土出誤矣

夏公會晉侯衛侯于瑣澤秋晉人敗狄于交剛冬十月

十有三年春晉侯使郤錡來乞師

郤錡晉大夫之三命者也

三月公如京師

公朝京師不書此何以書不正其伐秦而道朝京

師也

夏五月公自京師遂會晉侯齊侯宋公衛侯鄭伯曹伯邾人滕人伐秦

此伐秦也何以言公自京師遂會諸侯伐秦以公爲不足於恭故爲之辭而以遂言之也

曹伯盧卒于師秋七月公至自伐秦冬葬曹宣公

十有四年春王正月莒子朱卒

莒未有書卒者此何以書始來赴也何以不書葬辟其名也葉子曰莒子以爵見於隱公自是不復與我通蓋其實夷也至文而庶其以弑見襄而密州以弑見昭而展輿以奔見外此則朱與去疾以

卒見而已以傳考之朱之號曰渠丘公去疾之號
曰著丘公而非謚也蓋朱之辭也辟陋在夷其孰
以我爲虞則朱之自安於夷久矣葬從主人卒我
所可正其爵爲子葬我不可從其號爲夷故與吴
楚不言王皆不得以葬見也
夏衛孫林父自晉歸于衛秋叔孫僑如如齊逆女
逆女不書此何以書不正其以僑如逆也
鄭公子喜帥師伐許
公子喜鄭大夫之三命者也
九月僑如以夫人婦姜氏至自齊
僑如何以不氏一事而再見者卒名婦有姑之辭

也

冬十月庚寅衛侯臧卒秦伯卒

十有五年春王二月葬衛定公三月乙巳仲嬰齊卒

此公孫嬰齊也何以曰仲嬰齊後其兄也後其兄則何以曰仲嬰齊孫氏王父之字也正乎不正爲人後者爲之子禮兄弟之子猶子也兄弟之子可以爲後兄弟不可以爲後弟而後兄非正也

癸丑公會晉侯衛侯鄭伯曹伯宋世子成齊國佐邾人同盟于戚晉侯執曹伯歸于京師

曹伯廬卒于師曹公使公子負芻守公子欣時逆曹伯之喪未至負芻殺世子而自立晉侯爲是爲

戚之會執負芻以歸京師伯討也故以侯執

公至自會夏六月宋公固卒楚子伐鄭秋八月庚辰葬宋共公宋華元出奔晉宋華元自晉歸于宋宋殺其大夫山

山宋大夫之再命者也蕩澤也平公立蕩澤爲司馬澤欲弱公室殺公子肥公不能止華元使華喜帥國人攻蕩氏而殺山山之死罪累上也故以國殺葉子曰吾何以知山之爲澤歟華元之出奔以澤之欲殺公子肥也故魚石止而請討許之而後反則攻而殺之非澤而誰歟左氏記大夫名氏多欲與經參見經以山爲名則澤當爲字然澤爲六

卿而不書氏疑必再命而攝卿者以爲背其族而貶則非是此猶言僑如逆夫人爲遵夫人而舍族者蓋左氏初不知經書名氏之例故每以其私而妄意之也

宋魚石出奔楚

魚石宋大夫之三命者也

冬十有一月叔孫僑如會晉士燮齊高無咎宋華元衛孫林父鄭公子鰌邾人會吳于鍾離

高無咎公子鰌齊鄭大夫之三命者也此吳壽夢之會也何以殊會不使吳得主會也吳前未有與中國通者自申公巫臣請使始通吳于晉遂叛楚

而入州來於是始爲會而晉從之故君子謹焉葉
子曰春秋夷狄之強莫大於吳楚楚自莊公以後
始見至僖而浸強然召陵之盟齊小白一起而正
之雖成王之強不敢不服及晉重耳繼敗成王於
城濮楚卒不得肆蓋齊與晉猶有與之敵者也故
申之會靈王合十二國晉與我雖不能拒亦不復
從春秋猶以中國之會書焉成王之末楚浸衰而
吳驟強矣天下所恃以主盟者晉而已厲公之暴
悼公之賢皆不能少振反率諸侯而從之一會而
合七國再會而合十三國三會而合十二國我皆
與之俱天下無不聽於吳焉於是伐郯伐陳入州

來無不如志及其久也破楚柏舉而入郢幾以滅楚敗頓沈陳蔡之師殺二國君我遂舍中國而從之昭公不恥同姓而與之昏哀公始以救還離會於柤已而身爲鄫與橐皐之好則不被髮而左衽者幾希矣故鍾離與柤與向皆殊會夫豈以楚申之會與此爲異哉楚有與敵吳無與敵君子之所憂也或者乃以爲諸侯皆以爵見而吳不得以爵見故殊之夫使吳而有與敵不害其同楚黃池之會且以晉侯及吳子矣夫何獨於是三者而嫌哉

許遷于葉

十有六年春王正月雨木冰

記異也雨而木冰也
夏四月辛未滕子卒鄭公子喜帥師侵宋六月丙寅
朔日有食之
晉侯使欒黶乞師
欒黶晉大夫之三命者也
甲午晦晉侯及楚子鄭伯戰于鄢陵楚子鄭師敗績
晉伐鄭楚子救之士燮欲反欒書不可故以晉侯
及楚子鄭伯言晉之主戰也楚敗射共王中目不
言楚師君傷舉重也
楚殺其大夫公子側
公子側楚大夫之三命者也楚以公子側將中軍

子重將左二卿交惡而楚子並用之及晉敗之明日楚子欲復戰召公子側謀醉不能見楚子乃宵遁問師敗之故子重使謂公子側曰初隕師徒者而亦聞之矣盍圖之乃自殺公子側之死罪累上也故以國殺

秋公會晉侯齊侯衛侯宋華元邾人于沙隨不見公何以言不見公公不諱恥也晉欒黶來乞師公以申公儆備而後會郤犨取貨於叔孫僑如而訴公於晉侯晉侯遂辭公不見非公之恥也故不爲公辭

石林先生春秋傳卷第十四

後學　成德　校訂

巴陵鍾謙鈞重刊

石林先生春秋傳卷第十五

葉氏

成公三

公至自會公會尹子晉侯齊國佐邾人伐鄭

尹子王之中大夫也

曹伯歸自京師

何以不言曹伯歸于曹以天子命之見正也負芻殺世子而篡其位霸主執而歸于王王不能誅反使歸焉則何以謂之正乎以子臧之故而曹人之請不歸負芻曹之亂或未已視納賂而私與之者猶有閒且曰自我命之使君也故不言復歸不與

其復也何以不名子臧不取爲君則内無君也何以言歸易辭也以王命反之其歸爲易也

九月晉人執季孫行父舍之于苕丘

僑如始因穆姜欲逐季孟而訴於晉今復請止行父殺之而已斃仲孫蔑于内晉於是執行父非伯討也故以人執大夫執未有言舍者此何以言舍之於苕丘録行父也晉人旣以僑如之譖而不見公又以僑如之譖而執行父公待於鄆而爲之請范文子言於欒武子曰信讒慝而棄忠良若諸侯何乃許魯平舍行父君子爲是録之也故辭閒容之之緩辭也不與其正之辭也行父何以不致大

夫與君同至則不致

冬十月乙亥叔孫僑如出奔齊十有二月乙丑季孫行父及晉郤犨盟于扈公至自會

此伐鄭也何以言公至自會會而後伐以會告也鄢陵之戰鄭未服晉爲沙隨之會以謀伐鄭故公歸而復會尹子與三國然後同伐凡因伐而會伐在會前則致伐會而謀伐伐在會後則致會以所告者書也

乙酉刺公子偃

公子偃吾大夫之三命者也偃僑如之黨也始公出穆姜使公逐季孟公以晉難告曰請反而聽命

姜怒公子偃公子鉏趨過指之曰女不可是皆吾也歸而獨殺偃偃蓋有與謀者焉先刺而後名刺有罪也

十有七年春衛北宮括帥師侵鄭

北宮括衛大夫之三命者也

夏公會尹子單子晉侯齊侯宋公衛侯曹伯邾人伐鄭

單子王之中大夫也王大夫前未有二人臨諸侯者此何以言尹子單子鄭恃楚而不服晉復請於王而益之也王命而行一人可矣命而不行雖益何補晉爲霸主不能服鄭而假王人王臨諸侯不

能服鄭而益以大夫交失也
六月乙酉同盟于柯陵
此伐鄭之諸侯也何以不序一事而再見也
秋公至自會
會而盟者致會此伐鄭也何以不致伐鄭而致會非致會也以會而謀伐者告也凡公出間有異事皆不告故柯陵之盟致會而伐者告也臯鼬之盟致會以會而侵者告也馬陵之盟致會以會而救者告也盟非其本事也
齊高无咎出奔莒九月辛丑用郊
前未有言用郊者此何以書用九月非郊之節也

郊之失至四月而止矣猷曰不得吉而强卜之也至於九月則非所郊而郊焉蓋用之以祈於上帝未聞報本反始而用之以爲祈者也凡祭祀有爲而行之者皆曰用僖公八年禘於太廟用致夫人此用禘也或以九月辛丑而郊此用郊也禘自事郊不自事禘宗廟之祭用之以致夫人猶可言也郊天祭不施之天而假之以爲用不可言也以成公爲無天矣

晉侯使荀罃來乞師

荀罃晉大夫之三命者也晉何以三乞師於我陵我也葉子曰魯在晉楚之間爲弱國僖公嘗乞師

於楚矣未聞二國而乞師於我也今晉爲盟主有求於諸侯之師則令之而已何獨於我乞師焉蓋厲公無道暴虐諸侯畏我之從楚故多方以撓之方我往弔景公之喪固已止公而使送葬沙隨之會復以僑如之譖而不見公已而遂執季孫行父則其所以陵我者可知矣是故連年以郤錡欒黶荀罃來乞師且厲公執曹伯而會吳子敗楚師而傷其王內尸三郤其力孰與之抗奚少於我哉君子以是知其情獨申之曰乞師使之欲爲強而不可得也南宮括嘗問羿善射奡盪舟俱不得其死然禹稷躬稼而有天下孔子曰君子哉若人尚德

哉若人蓋以其知羿奡之所以死者此春秋書厲公之意也

冬公會單子晉侯宋公衛侯曹伯齊人邾人伐鄭十有一月公至自伐鄭壬申公孫嬰齊卒于貍脤

貍脤魯地内大夫卒于竟外地卒于竟内不地此何以地録嬰齊也嬰齊從公伐鄭而道卒也卒後致公至而後卒之也十一月無壬申經成而誤也葉子曰壬申十月之日也或曰致公而後録是日可得而錯也或曰故史也春秋所不革是事可得而易也以是言春秋過矣

十有二月丁巳朔日有食之邾子貜且卒晉殺其大

夫郤錡郤犨郤至

郤至晉大夫之三命者也三郤晉强家族大而多怨厲公欲盡去羣大夫而立其左右胥童曰必先三郤於是使胥童攻郤氏殺三郤而屍諸朝三郤之死罪累上也故以國殺

楚人滅舒庸

十有八年春王正月晉殺其大夫胥童

胥童厲公之嬖既以私怨殺三郤復以甲劫欒書中行偃於朝公不忍從使二子復位而命胥童爲卿書偃於是執公而殺胥童胥童之死罪累上也故以國殺

庚申晉弒其君州蒲

稱國以弒衆之辭也此欒書中行偃之弒也何以言衆厲公之惡衆之所棄也

齊殺其大夫國佐

慶克通於靈夫人國佐召而謂之慶克不出而訴國佐於夫人夫人譖於齊侯曰國佐將爲亂國佐怒殺慶克以邑叛齊侯復之而使士華以戈殺國佐于朝國佐之死罪累上也故以國殺

公如晉夏楚子鄭伯伐宋

此納魚石也何以不言納不與其納也

宋魚石復入于彭城

魚石何以言復入位已絶而求復也楚子旣伐宋取彭城以封魚石大夫去國挾諸侯之力以求復其爲道則已逆矣故言入入逆辭也彭城何以不繫之宋不與魚石得有宋邑也

公至自晉晉侯使士匄來聘

士匄晉大夫之三命者也

秋杞伯來朝八月邾子來朝築鹿囿

書不時也

己丑公薨于路寢冬楚人鄭人侵宋晉侯使士魴來乞師

士魴晉大夫之三命者也前三乞師爲厲公者固

已過矣此悼公也何以復來乞師將以救宋而以
我師爲之救之道也
十有二月仲孫蔑會晉侯宋公衛侯邾子齊崔杼同
盟于虛朾
崔杼齊大夫之三命者也
丁未葬我君成公
襄公一
元年春王正月公即位仲孫蔑會晉欒黶宋華元衛
甯殖曹人莒人邾人滕人薛人圍宋彭城
甯殖衛大夫之三命者也彭城宋邑也邑不言圍
此何以言圍不正楚子得取彭城以封魚石也何

以不曰楚彭城非楚之所得有也魚石不得受之
楚楚子不得取之宋是猶宋之彭城爾

夏晉韓厥帥師伐鄭

韓厥晉大夫之三命者也

仲孫蔑會齊崔杼曹人邾人杞人次于鄫

諸侯何以次于鄫彭城之役齊鄭皆不會晉既伐
鄭而質齊大子遂召諸侯欲侵楚而後不能崔杼
於是有言故書次以晉侯爲無能爲也

秋楚公子壬夫帥師侵宋

公子壬夫楚大夫之三命者也

九月辛酉天王崩邾子來朝冬衛侯使公孫剽來聘

公孫剽衞大夫之三命者也

晉侯使荀罃來聘

二年春王正月葬簡王鄭師伐宋夏五月庚寅夫人

姜氏薨

成公之婦也

六月庚辰鄭伯睔卒晉師宋師衞甯殖侵鄭秋七月

仲孫蔑會晉荀罃宋華元衞孫林父曹人邾人于戚

己丑葬我小君齊姜

齊謚也

叔孫豹如宋

叔孫豹吾大夫之三命者也

冬仲孫蔑會晉荀罃齊崔杼宋華元衛孫林父曹人邾人滕人薛人小邾人于戚遂城虎牢

虎牢鄭邑也何以不繫之鄭非取之鄭也鄭既附楚而未服晉連合諸侯之大夫以謀于戚仲孫蔑請城虎牢以偪之荀罃從焉鄭人乃行成遂之善者也

楚殺其大夫公子申

公子申楚大夫之三命者也申與公子嬰齊壬夫皆楚之執政申多受小國之賂以偪二人而楚子不能制故二人怒亦專殺申申之死罪累上也故以國殺

三年春楚公子嬰齊帥師伐吳公如晉夏四月壬戌公及晉侯盟于長樗公至自晉六月公會單子晉侯宋公衛侯鄭伯莒子邾子齊世子光己未同盟于雞澤陳侯使袁僑如會

袁僑陳大夫之三命者也如會者何請從會也陳鄭皆附楚鄭既同盟故陳懼以袁僑來即會而求受命也

戊寅叔孫豹及諸侯之大夫及陳袁僑盟

諸侯已盟而袁僑至故各以其大夫再盟殊袁僑盟以袁僑也曰諸侯之大夫受命於其君而非專盟也不書單子諸侯不盟則不敢復以王臣臨之

也

秋公至自會冬晉荀罃帥師伐許

四年春王三月己酉陳侯午卒夏叔孫豹如晉秋七月戊子夫人弋氏薨

弋氏左氏穀梁作姒氏公羊作弋氏當從公羊襄公之妾母也葉子曰吾何以知姒氏之爲弋氏歟魯之有定姒哀公之母也前定公葬而卒哀公未君故繫之定公稱定姒而禮有不備焉則所謂不殯於廟無櫬不虞者是也定弋蓋襄公之妾母季文子爲政初欲不以夫人之禮成之而亦有是言故匠慶以爲子爲正卿而小君之喪不成然卒之

經書夫人弋氏薨葬我小君定弋則匠慶之言季文子實行之也左氏穀梁不能辨二定乃以定姒之事言之遂誤弋氏爲姒氏審如左氏言不殯于廟無櫬不虞於其說自不得稱夫人春秋何爲以夫人書之哉

葬陳成公八月辛亥葬我小君定弋

定謚也

冬公如晉陳人圍頓

五年春公至自晉夏鄭伯使公子發來聘

公子發鄭大夫之三命者也

叔孫豹鄫世子巫如晉

如内事也叔孫豹則何以與鄫世子巫如晉屬鄫以爲附庸也初公如晉聽政請屬鄫晉侯許之故及是以鄫世子巫同見晉比之猶内臣也有取人之附庸以自屬者矣未有取國以爲附庸者也附庸之地可受於天子不可自屬以私於己附庸之君可因己以達於天子不可己率之以達於諸侯以爲專諸侯之地以自有推天子之禮而事霸主者也

仲孫蔑衛孫林父會吴于善道

此吴壽夢之會也何以殊會不使吴得主會也吴辭不會雞澤之故請聽諸侯之好晉將爲之合諸

侯於是使魯衛先會吳且告會期孫林父不言會離不言會也

秋大雩楚殺其大夫公子壬夫

陳旣從會楚人使頓閒陳而侵伐之陳人圍頓楚人討陳叛曰壬夫實侵欲焉楚不能得陳故追壬夫之貪而殺之壬夫之死罪累上也故以國殺

公會晉侯宋公陳侯衛侯鄭伯曹伯莒子邾子滕子薛伯齊世子光吳人鄫人于戚

鄫屬於魯矣何以復見於會叔孫豹以屬鄫爲不利而復歸之故使鄫以其大夫聽命也吳於是始與會矣其稱吳人何人鄫人則不得不人吳人也

鄫何以序吳下己不能自爲國而屬於人人不能保而復棄之故不得與諸侯齒主會者爲之也

公至自會冬戍陳

孰戍之我也會戚之諸侯既受命於晉而歸各爲之戍陳以備不言諸侯散辭也

楚公子貞帥師伐陳

公子貞楚大夫之三命者也

公會晉侯宋公衛侯鄭伯曹伯齊世子光救陳十有二月公至自救陳辛未季孫行父卒

六年春王正月壬午杞伯姑容卒夏宋華弱來奔

華弱宋大夫之三命者也

秋葬杞桓公滕子來朝莒人滅鄫冬叔孫豹如邾季孫宿如晉

季孫宿吾大夫之三命者也

十有二月齊侯滅萊

七年春郯子來朝夏四月三卜郊不從乃免牲

三卜郊不從乃免牲不書此何以書不正其以四月而三卜也葉子曰是舉孟獻子蓋言之矣以啓蟄爲當郊耕而後卜郊所以不從此獻子之妄也周郊二大報也祈穀也魯郊一卜辛也魯雖以賜得郊而不得與周同故自建子之月卜之至建寅而止三卜而得吉適與周祈穀之祭同而魯郊非

祈穀也亦何事於啓蟄乎蓋獻子嘗謂正月日至可以有事於上帝七月日至可以有事於祖矣其意蓋將僭周日至之郊故以是爲非啓蟄之節殆欲兼周而兩之歟記禮者不察遂以爲魯君孟春祀帝於郊配以后稷季夏六月以禘禮祀周公於太廟左氏從而實之以啓蟄爲經例其亦未嘗以周公得郊之意考之也

小邾子來朝城費

費季氏之邑也臣邑而國城之季氏強也

秋季孫宿如衛八月螽冬十月衛侯使孫林父來聘壬戌及孫林父盟楚公子貞帥師圍陳十有二月公

會晉侯宋公陳侯衛侯曹伯莒子邾子于鄬

楚旣圍陳矣陳侯何以復與會先圍而會也

鄭伯髡頑如會未見諸侯丙戌卒于鄵

如會鄬會也鄬會君子之所與也諸侯不生名鄭伯如會則何以名非名也鄭伯卒矣文不可再見舉卒之名加之如會之上無嫌也何以目未見諸侯録鄭伯也鄵鄭地何以書非正也鄭自虎牢之城而從晉諸大夫皆不肯及是其大夫曰以中國爲義則伐我喪以中國爲強則不若楚中國不足歸也不若與楚鄭伯不從而卒于行君子以是録之也葉子曰髡頑之卒三傳皆以爲弒左氏以爲

以瘧疾赴固陋矣公羊穀梁以爲不以夷狄加中國則是抑夷狄而縱失中國弑君之罪豈春秋之義哉是蓋以諸大夫不與髡頑而適卒故或者疑之以爲弑春秋不然之也吾何以知之凡弑君不葬而僖公書葬是僖公非弑也夫弑君固有書卒者矣楚麇是也所以正楚子而示天下之爲人君髡頑則無可正者焉弑君固有得葬者矣蔡景公是也所以正蔡固而示天下之爲人父髡頑則無可正者焉然則髡頑之卒謂之弑可乎或曰實弑而以卒赴春秋從而書之所以偏絶鄭之臣子也是不然春秋故史也有所不革其赴於魯者既曰

卒矣春秋何從知其弑乎趙盾之弑晉以穿赴而春秋加之盾許止之弑買以卒赴而春秋加之弑是爲春秋之義髡頑之卒鄭人既不自言以爲弑則春秋之義無從生矣吾是以知爲當時之疑辭而三家不能辨也

陳侯逃歸

鄬之會諸侯謀救陳陳侯迫於二慶之言不待救而遽歸故書曰逃以陳侯爲匹夫行而不知義也

八年春王正月公如晉夏葬鄭僖公鄭人侵蔡獲蔡公子燮

公子燮蔡大夫之三命者也此侵蔡也何以言獲

公子燮不交戰而獲大夫以燮爲犅敵也

季孫宿會晉侯鄭伯齊人宋人衛人邾人于邢丘

公在晉曷爲以季孫宿會公返而宿留以爲會也晉欲命朝聘之數難於再勤諸侯故各留其大夫以聽命此齊高厚宋向戌衛甯殖邾大夫也鄭伯以獻捷適至於是見悼公之賢不以勤諸侯而以身敵其大夫故大夫皆降而稱人爲悼公厭也

公至自晉莒人伐我東鄙秋九月大雩冬楚公子貞帥師伐鄭晉侯使士匄來聘

九年春宋災

外災不書此何以書以二王後見重也

夏季孫宿如晉五月辛酉夫人姜氏薨

成公之母也

秋八月癸未葬我小君穆姜

穆謚也

冬公會晉侯宋公衛侯曹伯莒子邾子滕子薛伯杞伯小邾子齊世子光伐鄭十有二月己亥同盟于戲

楚子伐鄭

十年春公會晉侯宋公衛侯曹伯莒子邾子滕子薛伯杞伯小邾子齊世子光會吴于柤

此吴壽夢之會也何以殊會不使吴得主會也吴既叛楚而附晉故其在楚復求合諸侯而諸侯從

焉棝楚地

夏五月甲午遂滅偪陽

偪陽國也孰滅之諸侯滅之也何以不言諸侯以公在焉略之也諸侯會而滅人之國非遂之善者也

公至自會楚公子貞鄭公孫輒帥師伐宋

公孫輒鄭大夫之三命者也

晉師伐秦秋莒人伐我東鄙公會晉侯宋公衛侯曹伯莒子邾子齊世子光滕子薛伯杞伯小邾子伐鄭

齊世子光何以序邾子下主會者爲之也禮諸侯之適子誓於天子攝其君則下其君之禮一等序

於伯下正也序於子下非正也葉子曰春秋盟會征伐班序升降未有或同者春秋有所進退歟曰非也五等之爵固有序矣王政行於天下諸侯來朝于王行人之所掌司儀之所相未之敢亂也世亂而諸侯自爲政不時相見或以小大或以強弱或以先後或以好惡其或抑或揚初未嘗有定制皆出於主會者爲之故滕薛爭長公子翬以宗盟後薛蔡衛爭先子魚以尚德長衛邾人以主伐而首鄭齊先以先至而越滕春秋不能追而正之也曰是所以爲無王者吾著其實而罪自見矣世子之會自陳欵鄭華始至宋子成齊國佐而再見皆

序伯下猶有先王之禮也乃齊光或序伯下或序子下或序小邾子下乍進乍退未之有常蓋諸侯之外降自不得其正固無責於世子也

冬盜殺鄭公子騑公子發公孫輒

公子騑鄭大夫之三命者也盜賤者也騑發輒皆鄭之執政發與輒作田洫已奪司氏五族之田騑復與尉止爭故五族聚羣不逞之徒入西宮之朝而殺三人何以不言大夫大夫非盜所得名也盜賤之賤也故弑君不目君不使其得接於上也殺大夫不目大夫不使其得接於下也

戍鄭虎牢

孰戍之我也何以言鄭虎牢鄭服而請平故諸侯各爲之戍以備楚城之非以取之也故不別於鄭戍之非以外之也故復繫之鄭何以不言諸侯散辭也

楚公子貞帥師救鄭

鄭巳服矣楚何以猶救鄭救其始伐也鄭故於是復從楚

公至自伐鄭

十有一年春王正月作三軍

作三軍者何分其地而有其民也古者天子六軍元侯三軍冬屬其民而以卿將之其常賦則輸於

國非常賦則有事而後徵之軍諸侯有卿無軍季氏欲專國始三分公室之地各取其一以爲軍季氏爲左軍仲氏爲右軍叔孫氏爲中軍季氏盡征其賦叔孫氏臣其子弟孟孫氏取其半非古也魯自是非其國也葉子曰禮大國三軍次國二軍小國一軍然歟曰非也諸侯惡其害已而益其文也周制裂天下爲九州而建其牧謂之九牧分陝東西而主以公謂之二伯是元侯而得專征者也元侯之軍卿帥之以承天子故曰賜鈇鉞然後殺賜弓矢然後征武王伐紂誓司徒司馬司空此西北之軍也大國三軍蓋非方伯不得有諸侯不得專

征則無所用軍教其民以自衛有事則帥賦以從方伯而已此叔孫豹所以知其説而不敢僭者也王命曲沃莊伯以一軍爲晉侯侯伯次國也一軍猶受之於王則安得爲二軍乎平王之後征伐自諸侯出則固有僭元侯而自爲軍者矣是以隱公之始外書鄭伯克段于鄢内書無駭帥師入極春秋不能追正也然猶時出其民而用之各以其卿將事已則民復于農賦歸于國而卿無與焉故僖公之詩曰公車千乘則國之賦也公徒三萬則三軍之數也而皆曰公焉至成公而季孫行父臧孫許叔孫僑如公孫嬰齊以四卿見於鞌雖有加於

三軍而其爲軍之道則猶先王之法也及是季孫行父死而宿爲政遂將弱其國私有其地與民於是竊大國三軍之制以行其志書曰作作之爲言前未嘗有而自我爲之猶南門雉門兩觀之爲作也叔孫豹爭之而不得則姑臣子弟而歸其父兄於君是猶有所畏而不敢盡卒之舍中軍者孟氏也左氏不知此乃以成國不過半天子之軍而公羊穀梁復以上卿下卿言之學者因爲魯宜爲二軍以作三軍爲僭而舍中軍爲正豈足與言春秋之意哉

石林先生春秋傳卷第十五

後學　成德　校訂

巴陵鍾謙鈞重刊

石林先生春秋傳卷第十六

葉氏

襄公二

夏四月四卜郊不從乃不郊鄭公孫舍之帥師侵宋

公孫舍之鄭大夫之三命者也

公會晉侯宋公衛侯曹伯齊世子光莒子邾子滕子薛伯杞伯小邾子伐鄭秋七月己未同盟于京城北

京城左氏作亳公羊穀梁作京當從二傳京鄭邑大叔所封也鄭懼而行成則地京城者鄭亦與盟也

公至自伐鄭楚子鄭伯伐宋公會晉侯宋公衛侯曹

伯齊世子光莒子邾子滕子薛伯杞伯小邾子伐鄭

會于蕭魚

伐未有言會者此何以言會貴之也鄭人患晉楚之故諸大夫欲從晉曰何爲而使晉師致死於我楚弗敢敵而後可固與也乃謀伐宋諸侯遂伐鄭而爲京城北之盟矣已而楚復來伐鄭伯從之諸侯悉師再伐鄭鄭人乃使良霄如楚告將服于晉曰孤以社稷之故不能懷君君若能以玉帛綏晉不然則武震以威攝之孤之願也乃行成於晉晉於是申京城之言以成其本意約信命事而不盟赦鄭囚納斥堠禁侵掠使告於諸侯君子以是貴之

也葉子曰吾何以知春秋貴蕭魚之會歟鄭介於二大國之間爲弱國自楚與晉爭強鄭無不與事晉則楚伐事楚則晉伐晉討其從楚則是矣而晉不足恃也戲之盟士弱爲之辭曰鄭國不唯晉命是聽有異志者有如此盟公子騑趨而改之曰鄭國不唯有禮與強可以庇民者是從而敢有異志者亦如之晉不能奪也故自虎牢之役至雞澤而鄭受盟僖公從於晉者六年至邢丘之會而復叛自是三年之閒我之伐者三楚之伐者一晉楚之爭鄭無甚於此時也君子其亦閔鄭之無以固其國也歟及是鄭人擇所從而終以服晉良霄之執

楚連三伐以討而鄭卒不從申之會雖諸侯皆在而晉不爭知其不得已也楚自是亦不復加兵而鄭之息肩者五十餘年則蕭魚之爲巳故曰蕭魚之服鄭也大矣此君子所以貴也

公至自會

會而後伐故以會致

楚人執鄭行人良霄

良霄鄭大夫之三命者也鄭以告服於晉而楚執之非伯討也故以人執

冬秦人伐晉

十有一年春王三月莒人伐我東鄙圍台季孫宿帥

師救台遂入鄆

鄆莒附庸之國也台在國内鄆在國外救台而遂入鄆非遂之善也季孫氏之強益甚矣

夏晉侯使士魴來聘秋九月吴子乘卒

吴前未有書卒者此何以書始能以赴通中國也吴自壽夢從諸侯會于戚而漸能從中國之習矣吴得以人見故至是復能以卒赴進之也不書葬辟其號也

冬楚公子貞帥師侵宋公如晉

十有三年春公至自晉夏取邿

邿附庸之國也

秋九月庚辰楚子審卒冬城防

防臧孫氏之邑也臣邑而國城之臧孫氏強也

十有四年春王正月季孫宿叔老會晉士匄齊人宋人衛人鄭公孫蠆曹人莒人邾人滕人薛人杞人小邾人會吴于向

叔老吾大夫之三命者也公孫蠆鄭大夫之三命者也此吴諸樊之會也何以殊會不使吴得主會也吴告庸浦之敗故合諸侯以謀楚使舉上介舃爲以季孫宿叔老並會大夫強也

二月乙未朔日有食之夏四月叔孫豹會晉荀偃齊人宋人衛北宫括鄭公孫蠆曹人莒人邾人滕人薛

人杞人小邾人伐秦

　荀偃晉大夫之三命者也

己未衛侯衎出奔齊

　衛侯衎左氏穀梁以爲衛侯公羊以爲衛侯衎當從公羊闕文也葉子曰衎之不名或曰此春秋之義而非闕也孫林父甯殖旣逐衎而立剽剽以公孫得位非正故不以兩君之辭與之是不然春秋諸侯以簒立而不得其正與強臣援之而立者非獨剽也何嘗不以兩君之辭與之乎北燕伯欵出奔齊以其多嬖寵而大夫之所逐也蔡侯朱出奔楚以東國謀簒而蔡人逐之也則燕有君與東國

之竊其位蓋有甚於剽者而欵與朱皆名夫豈君燕大夫之所立而與東國篡乎凡諸侯奔而名者皆以別二君所以辨其正不正者不在是也惟衛鄭奔不以名見蓋叔武不取於爲君而攝之曹負芻歸不以名見蓋子臧不取於爲君而逃之則内無君而不嫌爾今剽有國十有三年凡盟會征伐之事春秋未嘗不書以衛侯及甯喜殺之正其名曰弒君孰有如是而非君者吾故知其爲闕文而非義之所在也

莒人侵我東鄙秋楚公子貞帥師伐吴冬季孫宿會晉士匄宋華閱衛孫林父鄭公孫蠆莒人邾人于戚

華閲宋大夫之三命者也

十有五年春宋公使向戌來聘二月己亥及向戌盟于劉劉夏逆王后于齊

劉夏王之上士也何以不言使王臣來我則言使他國則不言使内外之辨也何以書過我也王臣過我則皆書乎天子逆后以卿而公臨之劉夏上士非正矣是故因其過我而正之也

夏齊侯伐我北鄙圍成公救成至遇

成仲孫氏之邑也臣邑而君救之非禮也救不目至何以言至遇至遇猶至鄭也以公爲畏齊故至遇而止也

季孫宿叔孫豹帥師城成鄆

　前圍而公救之固過矣今季孫氏叔孫氏復各以其君而爲之城著三臣之自爲政也

秋八月丁巳日有食之邾人伐我南鄙冬十有一月癸亥晉侯周卒

十有六年春王正月葬晉悼公三月公會晉侯宋公衛侯鄭伯曹伯莒子邾子薛伯杞伯小邾子于溴梁戊寅大夫盟

　前未有言大夫盟者此何以言大夫盟惡大夫之無君也溴梁之會齊高厚歌詩不類晉荀偃怒以諸侯爲有異志使諸大夫盟高厚高厚逃歸於是

叔孫豹及偃宋向戌衛甯殖鄭公孫蠆小邾之大夫盟曰同討不庭諸侯皆在是而大夫盟故不曰諸侯之大夫以大夫爲無君也葉子曰自諸侯失正而大夫強至襄公而愈甚故盟會征伐三年之間諸侯不出而大夫出者四雞澤之會諸侯始復見時晉悼公之德猶未衰其將有以振之歟故自是至於蕭魚諸侯之見者九而大夫皆不與庶乎其稍正也及會吳于向魯以季孫宿叔老二卿並出而伐秦會戚再歲諸侯皆不出而大夫復三見明年晉悼公卒則大夫蓋復肆於悼公之末矣然而諸侯不出而大夫出猶云可也溴梁之會其君

在而大夫敢專盟則天下豈復有君哉雖曰荀偃之爲而諸侯之大夫皆與有罪矣故春秋之惡大夫莫甚於溴梁

晉人執莒子邾子以歸

悼公始葬而平公出會莒邾雖以侵伐魯之罪當執然平公爲無哀矣非伯討也故以人執

齊侯伐我北鄙夏公至自會五月甲子地震叔老會鄭伯晉荀偃衛甯殖宋人伐許秋齊侯伐我北鄙圍成大雩冬叔孫豹如晉

十有七年春王二月庚午邾子牼卒宋人伐陳夏衛石買帥師伐曹

石買衛大夫之三命者也

秋齊侯伐我北鄙圍桃高厚帥師伐我北鄙圍防

高厚齊大夫之三命者也

九月大雩宋華臣出奔陳

華臣宋大夫之三命者也

冬邾人伐我南鄙

十有八年春白狄來

白狄狄之别種也來者何來朝也何以不言來朝

不能朝也古者夷狄在九州之外曰蕃國世一見

於天子諸侯而朝夷狄非正也

夏晉人執衛行人石買

衛孫蒯涅獵於曹隧以重丘人之詬而使石買伐曹曹人愬於晉衛使石買如晉辭焉晉不能治孫蒯而罪石買之伐非伯討也故以人執

秋齊師伐我北鄙冬十月公會晉侯宋公衛侯鄭伯曹伯莒子邾子滕子薛伯杞伯小邾子同圍齊

圍未有言同者此何以言同圍齊惡靈公也諸侯不義靈公爲溴梁之會共謀伐之於是前會之諸侯皆在而益以滕子晉平公禱于河曰齊環怙恃其險負其衆庶弃好背盟陵虐神主曾臣彪將帥諸侯以討焉齊侯禦諸平陰不勝脫歸諸侯遂及齊焚雍門及西郭南郭又焚東郭北郭古之言圍

者未必皆環之也曰禁之使不得出焉爾今十二國之師皆盡其力而齊之四面無不及焉是以謂之同也葉子曰靈公以十五年伐我北鄙至是連伐我者五歲再圍成又圍桃圍防我之虐於諸侯未有甚於齊也故嘗以叔孫豹請於晉晉辭之豹曰敝邑之急朝不及夕引領西望曰庶幾乎比執事之間恐無及也於是荀偃從之而諸侯之師無不盡其力則事雖以魯出而所以圍齊者不以魯也故薄齊之城周其四門非共惡之能若是乎蔡失其國周公復封之爲之訓曰睦乃四鄰夫不能睦其鄰者鄰亦不能睦也國何以守故以齊環一

見法焉

曹伯負芻卒于師楚公子午帥師伐鄭

公子午楚大夫之三命者也

十有九年春王正月諸侯盟于祝柯

此圍齊之諸侯也齊未服故再盟何以不序一事

而再見也

晉人執邾子

晉前執邾子以討伐我之罪矣明年邾人不受令

又伐我南鄙而執焉復取其田而舍之非伯討也

故以人執

公至自伐齊

此圍齊也何以致伐齊圍齊所以伐齊也伐不服而後圍圍不言伐故以伐致也

取邾田自漷水

内取外田不書此何以書不一地也取者我所有而取之者也非所有而取之謂之盜是猶言取濟西田爾漷水邾水之經於我者也言自漷水則有非止於漷水者矣故於是復取漷東田

季孫宿如晉葬曹成公夏衞孫林父帥師伐齊秋七月辛卯齊侯環卒晉士匄帥師侵齊至穀聞齊侯卒乃還

師未有言還者此何以言還善士匄之不伐喪也

葉子曰趙盾納捷菑于邾以邾人之辭弗克納而還春秋雖善趙盾而不言還趙盾不免於稱人士匄亦受命侵齊何以得與其還而以名氏見不伐喪將之事也納君非將之事也趙盾不得以師而專廢置君士匄不得以伐喪而致爲師之道此士匄所以異乎趙盾也

八月丙辰仲孫蔑卒齊殺其大夫高厚

靈公欲以公子牙易太子光而使高厚傅之厚從君於昏而不能正於是光立而殺高厚高厚之死罪累上也故以國殺

鄭殺其大夫公子嘉

公子嘉鄭大夫之三命者也尉止之亂嘉獨免既
得而專召楚師至於純門鄭伯不能正故公孫舍
之公孫夏討尉止之難與純門之師帥國人殺嘉
而分其室公子嘉之死罪累上也故以國殺
冬葬齊靈公城西郛
畏齊也城壞而當城則城之爾畏齊難而城其西
郛非所以守國也
叔孫豹會晉士匄于柯城武城
畏齊也叔孫豹自晉會士匄還曰齊猶未也不可
以不懼乃復城武城
二十年春王正月辛亥仲孫速會莒人盟于向

仲孫速吾大夫之三命者也

夏六月庚申公會晉侯齊侯宋公衛侯鄭伯曹伯莒子邾子滕子薛伯杞伯小邾子盟于澶淵秋公至自會仲孫速帥師伐邾蔡殺其大夫公子燮

燮以楚使蔡無常求從文侯之志以事晉蔡人畏楚不從遂殺燮以止其謀公子燮之死罪累上也故以國殺葉子曰公子燮其猶以爲罪歟蔡自翟泉之役不復與諸侯會蓋附楚久矣故至于厥貉遂與楚子同見以謀伐宋及晉雖嘗以郤缺討之僅爲城下之盟而不能服也自是晉復以欒書再侵之蔡雖小弱息肩者七十餘年古之君子作事

必稽于衆未有違衆而能成者也方晉楚爭強蔡介於兩國之間事楚與晉無有不受其弊者今欲安於楚使變而能爲蔡謀必有絶楚而能保於晉者然後可爲今未有以得晉而輕與楚絶身且不能自保況於蔡乎故君子不以晉楚爲辨而以保其國者爲難則堯之所謂稽于衆舍己從人者也故以變一見法焉

蔡公子履出奔楚

公子履蔡大夫之三命者也

陳侯之弟黄出奔楚

黄哀公之母弟也慶虎慶寅執政畏黄之偪而愬

於楚曰與蔡憂同謀黃不能安於是奔楚以自直

以陳侯爲不能兄也故目弟焉

叔老如齊冬十月丙辰朔日有食之季孫宿如宋

二十有一年春王正月公如晉邾庶其以漆閭丘來奔

庶其邾大夫之再命者也以漆閭丘來奔者何據其邑叛而歸我也何以不言叛諱納叛臣也漆邑也閭丘亦邑也何以不言及皆私邑也葉子曰左氏以邾庶其及莒牟夷邾黑肱爲三叛人書名齊豹衛之司寇殺衛侯之兄縶而不書名爲春秋之義使欲蓋而名章求名而不得然歟非也夫豹以

正卿而殺其君之兄是何足以爲名邾莒雖小國再命之大夫自得以名見三人之奔亦何以知其欲蓋其惡歟以爲當時之意邪豈有殺君之兄而人不知竊邑以叛君而可以隱者也以爲有求於春秋而然邪則春秋之作三人固不能前知此左氏不知小國有得名之大夫而邾以弱莒以用夷適無事以屢見爾然莒有慶有挐邾有畀我有快皆非以地叛者何爲而亦名也夫名不名春秋固有常法大夫而以其邑叛此與衞孫林父晉趙鞅荀寅士吉射何以異其惡蓋有不待貶絕而自見者春秋未嘗加之辭何於庶其三人而獨異哉

夏公至自晉秋晉欒盈出奔楚

欒盈晉大夫之三命者也

九月庚戌朔日有食之冬十月庚辰朔日有食之曹伯來朝公會晉侯齊侯宋公衛侯鄭伯曹伯莒子邾子于商任

二十有二年春王正月公至自會夏四月秋七月辛酉叔老卒冬公會晉侯齊侯宋公衛侯鄭伯曹伯莒子邾子薛伯杞伯小邾子于沙隨公至自會楚殺其大夫公子追舒

公子追舒楚大夫之三命者也追舒爲令尹寵佞人觀起而富之楚子不能禁旣而復將討焉乃與

其子弃疾謀之弃疾不從遂殺追舒追舒之死罪累上也故以國殺

二十有三年春王二月癸酉朔日有食之三月己巳杞伯匄卒夏邾畀我來奔

畀我邾大夫之三命者也

葬杞孝公陳殺其大夫慶虎及慶寅

慶虎慶寅皆陳大夫之三命者也寅虎之殺也二人既愬公子黃於楚不勝而以陳叛故陳侯以屈建圍陳而殺寅虎寅從虎故言及慶虎寅虎之死罪累上也故以國殺

陳侯之弟黃自楚歸于陳

自楚者何楚有奉也

晉欒盈復入于晉入于曲沃

曲沃欒氏之邑也復入求復也欒盈既出奔楚會諸侯于商任沙隨使錮欒盈無納盈盈以齊析歸父入曲沃以求復其曰入于晉何盈先入於絳不克而後返其邑也故言入逆辭也

秋齊侯伐衛遂伐晉八月叔孫豹帥師救晉次于雍榆己卯仲孫速卒冬十月乙亥臧孫紇出奔邾

臧孫紇吾大夫之三命者也

晉人殺欒盈

欒盈既返曲沃晉人圍而克之盡殺欒氏之族黨

不言殺其大夫位已絶矣非復大夫也曰晉人討賊之辭也

齊侯襲莒

襲者何掩其不備也齊莊公自晉還不入而伐莒門于且于蓋掩之也傷股而退明旦將再戰復使人夜載甲入于且于之隧遂以勝莒故君子以是爲襲也葉子曰韓之戰秦人獲晉惠公不言師敗績曰獲晉侯君獲重於敗也鄢陵之戰晉射楚王中其目敗績不言師曰楚子君敗重於師也然則齊侯亦傷股而敗矣何以不以君敗爲文蓋詐戰也結日而後戰君子猶不與焉況乘人之不備而

詐之乎得免吳遏之卒幸矣昔者子釣而不綱弋不射宿謂其非愛物之道也而況於人乎是以古之用師必先之以文告之辭威讓之令至於不服而後伐之彼輕千乘之貴而幸一日之勝君子不與也故以齊侯一見法焉

二十有四年春叔孫豹如晉仲孫羯帥師侵齊

仲孫羯吾大夫之三命者也

夏楚子伐吳　秋七月甲子朔日有食之既齊崔杼帥師伐莒大水八月癸巳朔日有食之公會晉侯宋公衛侯鄭伯曹伯莒子邾子滕子薛伯杞伯小邾子于夷儀冬楚子蔡侯陳侯許男伐鄭公至自會陳鍼

宜咎出奔楚

鍼宜咎陳大夫之三命者也

叔孫豹如京師大饑

二十有五年春齊崔杼帥師伐我北鄙

齊自同圍之後我以叔老往聘而怨稍平矣至是復伐我則以仲孫羯之侵故也我何以保其國歟葉子曰自襄以前莊僖文成之伐者各一皆齊而巳至文而邾復見伐襄而莒復見伐於是終其世三國見伐者十有三甚乎襄之不能爲國也齊伐其北莒伐其東邾伐其南齊侯之師遂至圍成圍桃圍防莒亦進而圍台則非特及其鄙而已我雖

城防城西郛城武城曾不足以自守而區區方託晉以爲維揄之救固已兆怒又從而侵之豈吾所得已哉皆晉之故此其所以訖不能振也春秋固志之矣

夏五月乙亥齊崔杼弑其君光

稱名氏以弑者大夫弑君之辭也崔杼旣立莊公而相之莊公通其室而杼弑焉公登臺而請弗許請盟弗許請自刃於廟弗許公踰牆射之中股反隊而弑之是以爲杼之弑也

公會晉侯宋公衛侯鄭伯曹伯莒子邾子滕子薛伯杞伯小邾子于夷儀六月壬子鄭公孫舍之帥師入

陳秋八月己巳諸侯同盟于重丘公至自會衛侯入于夷儀

夷儀衛邑也何以不言入衛未得衛也剽在而内未有援則其歸爲難矣故言入辭也何以不名未得國則不嫌於爲君也

楚屈建帥師滅舒鳩

屈建楚大夫之三命者也

冬鄭公孫夏帥師伐陳

公孫夏鄭大夫之三命者也

十有二月吴子遏伐楚門于巢卒

巢國也諸侯不生名吴子伐楚則何以名非名也

吳子卒矣文不可再見舉卒之名加之伐楚之上無嫌也何以目門於巢不正吳子不以禮假道而不得其死也吳子伐楚以報舟師之役假道于巢不納攻其門巢牛臣隱于短牆以射之卒巢楚之與國也吳子欲復怨於楚而道於其國不納而攻之吳子則已過矣巢人之黨其所與而賊夫人之君非諸侯相為賓之道也

二十有六年春王二月辛卯衛甯喜弒其君剽

稱名氏以弒者大夫弒君之辭也甯喜衛大夫之三命者也喜甯殖之子殖既從孫林父逐獻公而立剽及疾復召喜命之使謀納獻公故喜先攻孫

氏而殺剽是以爲喜之弒也葉子曰春秋以正治不正不以不正治正剽之與衎蓋不兩立也以衎之歸爲正則剽之死不得爲正矣何以加喜之罪而名之弒哉此剽與衎之説非喜與剽之説也夫所謂君臣者一日北面而事之皆君也方孫林父之逐衎殖以爲不然則去而違之可矣旣與之立則剽者殖之君也喜者受命於殖者也孰有北面事之十有三年而不以爲君者乎爲衎則可以殺剽爲喜則不可以殺剽此喜與衎之説也是以書剽有三道以衞言之旣巳與諸侯盟會矣不可以不謂之君以甯喜言之殖巳立而君之矣喜受命

而殺之不可以不成其爲君以衎言之則公孫剽而已矣别嫌明微非春秋不能辨是故不以其正者害其不正也

衞孫林父入于戚以叛

戚孫林父之邑叛者何叛于晉也晉於是疆戚田葉子曰楚取宋彭城以封魚石而求入攘人之地以劫其君也晉取戚而納林父之叛私人之地以背其君也然而春秋不著晉之罪者彭城之罪在楚戚之罪在林父各以其重者書也

甲午衞侯衎復歸于衞

衎何以言復歸易辭也甯喜援之公子鱄與之則

其歸爲易矣

夏晉侯使荀吴來聘

荀吴晉大夫之三命者也

公會晉人鄭良霄宋人曹人于澶淵

此趙武之會也何以曰晉人不正其登叛人以謀其君且疆戚田故貶而人之也何以不没公公亦與有貶也

石林先生春秋傳卷第十六

後學　成德　挍訂

巴陵鍾謙鈞重刊

一百十

葉氏春秋傳卷十六

十八

心甫

石林先生春秋傳卷第十七

葉　氏

襄公三

秋宋公殺其世子痤

何以書宋公殺世子母弟目君甚之也

晉人執衛甯喜

喜負弒君之罪晉不以討而以林父之愬執之非伯討也故以人執

八月壬午許男甯卒于楚冬楚子蔡侯陳侯伐鄭葬許靈公

二十有七年春齊侯使慶封來聘

慶封齊大夫之三命者也

夏叔孫豹會晉趙武楚屈建蔡公孫歸生衛石惡陳孔奐鄭良霄許人曹人于宋

趙武公孫歸生石惡孔奐晉蔡衛陳大夫之三命者也此向戌之請也不列向戌地于宋則向戌在焉也

衛殺其大夫甯喜

甯喜初欲納獻公公使公子鱄與喜言曰苟反政由甯氏祭則寡人獻公立而甯喜專公患之其大夫公孫免餘殺喜尸諸朝甯喜之死罪累上也故以國殺

衛侯之弟鱄出奔晉

鱄定公之子獻公之母弟也獻公既背鱄之約而殺甯喜鱄不義其所爲而去之終身不仕則衛侯之不能兄也故目弟

秋七月辛巳豹及諸侯之大夫盟于宋

此前會宋諸侯之大夫也始宋向戌善于晉趙武又善于楚屈建欲弭諸侯之兵以爲名乃如晉告武又如楚告建遂如齊如秦皆許之告於小國亦從故即宋爲會而盟焉諸侯不在而曰諸侯之大夫受命於其君也於是中國不出夷狄不入而天下之兵熄則向戌之爲也豹不氏一事而再見者

卒名之也再地宋善之也葉子曰是會左氏得其事而不盡其義故言楚人衷甲及齊宋請鄟滕晉楚爭先之事析西門蒙門爲二盟與其本志不類穀梁知其義而不知其事故知諸侯不在而曰諸侯之大夫爲異於溴梁之不臣然以豹不氏爲恭則非是乃公羊則既不知事又不知義遂以爲石惡在是而殆諸侯且公羊豈不知遂以夫人婦姜至自齊再見遂而不稱公子者乎袁僑之盟固已不能別此又適在公子鱄出奔之後故以意逆之而歸惡於衞以此見三家之傳經蓋有知而不能詳詳而不能盡與不能知而意之者皆未嘗親得

其所聞者也非深於經者不足與知此

冬十有二月乙亥朔日有食之

二十有八年春無冰夏衛石惡出奔晉邾子來朝秋八月大雩仲孫羯如晉冬齊慶封來奔十有一月公如楚十有二月甲寅天王崩乙未楚子昭卒

二十有九年春王正月公在楚夏五月公至自楚

前未有書公在者此何以書危夷狄以存公也葉子曰成公嘗以七月如晉明年三月致正月不書在晉昭公嘗以冬如晉明年夏致正月不書在晉諸侯以兩君之好相見於五服之內則何爲焉而公之如楚過矣昭公於鄆不書在於乾侯書在以

失國爲危也公如晉不書在於楚書在以失中國
爲危也
庚午衛侯衎卒閽弑吴子餘祭
閽賤者也不言盜以吴子爲不能保其身也古者
使墨者守門劓者守關宫者守内刖者守囿髡者
守積各不廢其材而任以職吴子刑越俘使皆守
舟又即而觀焉非任官之道也賤者不列於君臣
故不言盜弑吴子不君而輕其身故閽特言弑加
之以君之辭而後見吴子之不君也弑則何以不
言其君越俘不可以君吴也
仲孫羯會晉荀盈齊高止宋華定衛世叔儀鄭公孫

段曹人莒人滕人薛人小邾人城杞

荀盈高止華定世叔儀公孫段晉齊宋衛鄭大夫之三命者也城杞者何修舊也晉平公杞出故率諸侯爲杞城諸侯以二王之後不以晉之私而共城之諸侯之善也

晉侯使士鞅來聘

士鞅晉大夫之三命者也

杞子來盟吳子使札來聘

札吳大夫之再命者也吳子始得以爵書進之也葉子曰壽夢之子同母者四兄弟皆欲迭爲君而致國於札札不受而去焉於是之魯之齊之鄭之

衛之晉歷五國而後歸此札之賢也然則吴何以得進以吴而有札能以禮交於中國雖欲夷狄之不可也則吴之所爲而已春秋之義或與其文或與其實楚丘之城非不善而文不得許其專吴子之聘未必善而文不得不與其進故札出僚得國闔廬卒以弑僚不以是罪札之來蓋其與之在此不在彼也公羊獨以爲賢季子者誤矣

秋九月葬衛獻公齊高止出奔北燕冬仲孫羯如晉

三十年春王正月楚子使薳罷來聘

薳罷楚大夫之三命者也

夏四月蔡世子般弑其君固五月甲午宋災

外災不書此何以書爲二王後見重也

宋伯姬卒天王殺其弟佞夫

佞夫景王之母弟也何以挈天王殺世子母弟目君甚之也

王子瑕奔晉

瑕王之大夫也何以不言出周非大夫所得同有也何以知其自周出佞夫靈王之子其居固在京師矣靈王崩儋括欲立佞夫而不克景王立尹言多五子殺佞夫瑕以佞夫黨而奔晉其出固自周也

秋七月叔弓如宋

叔弓吾大夫之三命者也

葬宋共姬

共謚也內女爲夫人葬未有舉謚者此何以書賢伯姬也葉子曰古者生無爵死無謚死而謚周也謂士以下言也士則有爵矣蓋謚者所以易名也葬而卒哭卒哭而諱必有謚焉然後可諱故曰謚者所以尊名也乃婦人則非有爵者也非當名者也安用謚乎周之后妃其遠者莫如姜嫄姜嫄無謚近者莫如大任大姒大任大姒無謚則周婦人未嘗有謚也魯夫人謚自文姜始然其前已見聲子則非特夫人有謚妾亦有謚矣不知爲之者何

王相臣

時自是魯夫人無不諡者至宋諡共姬則非特魯也凡諸侯皆諡矣故録共姬之諡雖以表其賢然非所諡而諡之亦以著其失則雖魯亦不得無罪也

鄭良霄出奔許自許入于鄭鄭人殺良霄

良霄既自墓門之瀆入介於襄庫爲亂以伐北門子駟子帶帥國人討而殺之不書大夫位已絶矣非復大夫也曰鄭人討賊之辭也

冬十月葬蔡景公

葬未有言討賊者景公何以得葬正天下之爲人父者也蔡景公爲大子般娶於楚而通焉般於是

弒景公君子以爲亂父子之大倫而絶人道者人亦得以絶之也葉子曰蔡固之惡子産蓋知其必有子禍矣然父不父子不可以不子固之惡雖大春秋其可以是免般而不討乎昔者齊景公嘗問政於孔子孔子曰君君臣臣父父子子公曰善哉信如君不君臣不臣父不父子不子雖有粟吾得而食諸孔子之爲是也以景公繼弒君而不討崔杼者也然豈不曰君臣父子各得其正而後政可爲者乎使臣臣而君不君子子而父不父雖其義有不可亂而爲君與父之禍無時而可息也君子以是不以免般爲嫌微致其意曰必君君而父父

然後可以盡天下爲臣與子之責則正身而齊家齊家以治國而天下無與爲亂者矣故以蔡固一見法焉

晉人齊人宋人衛人鄭人曹人莒人邾人滕人薛人杞人小邾人會于澶淵宋災故

會未有目事者此何以言宋災故爲二王後見重也大夫何以皆書人欲歸宋財而後不能故貶而人之也大夫會而不終其約者多矣何獨責於澶淵救災恤患諸侯之義也人皆可以自致未有國而無財者也何必待會今勤十二國之衆而無一如其言豈皆無是心哉待人而後爲之爾孰有因

人以爲義者乎君子是以原其情而著其事也

三十有一年春王正月夏六月辛巳公薨于楚宫

非正也

秋九月癸巳子野卒己亥仲孫羯卒冬十月滕子來

會葬

諸侯會葬非禮也禮天子葬同軌畢至有故則大

夫會葬諸侯葬同盟畢至大夫會葬

癸酉葬我君襄公十有一月莒人弑其君密州

稱人以弑微者弑君之辭也

昭公一

元年春王正月公即位叔孫豹會晉趙武楚公子圍

齊國弱宋向戌衛齊惡陳公子招蔡公孫歸生鄭罕虎許人曹人于虢

公子圍國弱齊惡公子招罕虎楚齊衛陳鄭大夫之三命者也此尋宋之盟也楚何以先諸侯強也葉子曰自襄以來晉主盟齊楚皆未入會宋未嘗不先諸侯蓋齊方與楚也雞澤之會齊始以世子光來猶在邾人下至邢丘而齊人居宋人上則齊已亢矣澶淵之會齊侯始入會遂居宋公上宋之會楚始入會屈建遂居蔡衛上至是楚公子圍先國弱而向戌在三夷狄愈強雖齊亦爲之屈而二王之後微矣

三月取鄟

鄟魯鄟也莒嘗侵之以虢會而歸何以不言某歸受命而歸非自歸也葉子曰吾何以知此爲魯鄟凡内取外邑不書内取外邑必先見伐不正其以伐取而後書也且莒鄟非邑附庸之國也則固不得爲莒邑矣會以正月取以三月左氏謂三月諸大夫嘗同盟莒子愬于會亦非是會而盟未有不志於春秋者何爲略而不書乎然則非取莒鄟以爲附庸歟亦非也後見疆田屬爲附庸則不疆田也

夏秦伯之弟鍼出奔晉

鍼景公之母弟也有寵於桓公而富景公立其母畏景公不能容曰弗去懼數其罪乃使之出以景公爲不能也故目弟焉

六月丁巳邾子華卒晉荀吳帥師敗狄于大鹵秋莒去疾自齊入于莒

去疾公子之未氏者也自齊齊有奉也自未有言入此何以言入逆辭也衛朔入于衛齊小白入于齊皆以不正奪正故謂之入莒犁比生去疾及展輿展輿立而去疾奔其復國不得以歸言之則去疾亦奪展輿如衛朔齊小白者也

莒展輿出奔吳

展輿踰年之君也何以不書爵密州未葬也

叔弓帥師疆鄆田

疆溝封之也帥師而城邑已強矣帥師而疆田又甚也

葬邾悼公冬十有一月已酉楚子麋卒

麋公羊穀梁作卷左氏作麇當從左氏公子圍共王之子康王之弟而麇之叔父也康王卒麇立圍欲篡國蓋鄰國莫不知焉而麇莫之戒故卒弒之而以疾赴魯史有知之者矣春秋因其辭而書卒正麇之不能君也葉子曰臣弒君猶有不免於貶者歟曰此非圍之說有國之說也天子有天下諸

侯有一國皆以其身受宗廟社稷之託必其身安而後天下國家可保也坤之初六曰履霜堅冰至孔子傳之曰臣弑其君子弑其父非一朝一夕之故其所由來者漸矣由辨之不早辨也天下之禍莫大於弑父與君使爲人父與君者常能辨之於早如履霜而知堅冰則天下豈復有弑哉圍爲令尹之始鄭子羽固知其必代麇矣及虢之會遂居諸侯大夫之上雖趙孟不能屈以二執戈者前則叔孫豹蔡子家鄭行人揮皆知其必君而非復公子也故其城犨櫟與郟則子産知其欲去黑肱伯州犁二人以行大事薳罷問政而不敢對則叔孫

豹知其與聞其意而佐之匿其情此其禍萌於即位之初而形見於鄰國之遠楚之君臣曾莫之慮而預爲之圖則圍何憚而不爲乎春秋以爲圍之惡天下不患於不知而吾治天下之弑者爲法亦已嚴矣適得一人焉可以爲後世爲人君者之戒是以不嫌於免圍而以麇一見法焉或者疑公羊穀梁書麇名不同春秋後見楚子虔卒爲靈王非所謂圍乎以左氏之説爲妄吾考於穀梁載慶封就戮之言曰無或如楚共王之子圍弑其兄之子而代之君與左氏之辭合則麇固圍之弑而圍之爲靈王審矣圍與虔名錯見或曰圍即位而改爲

虔也

楚公子比出奔晉

公子比楚大夫之三命者也

二年春晉侯使韓起來聘

韓起晉大夫之三命者也

夏叔弓如晉秋鄭殺其大夫公孫黑

公孫黑鄭大夫之三命者也黑逐良霄已而復與子南爭室強盟薰隧子產不能討遂欲作亂去游氏而代其位子產聞而懼使吏數其三罪而誅之公孫黑之死罪累上也故以國殺

冬公如晉至河乃復

復者事未畢之辭也蓋晉以公弔少姜爲非禮辭公而不見乃難辭以公復之爲難也葉子曰恭近於禮遠恥辱也是在周易所謂巽在牀下者君子不貴焉諸侯之相朝固非禮矣自公即位二十三年之間朝於晉者五唯其末言有疾則外此皆非公之自復晉辭公也是豈晉得以辱公哉蓋公嘗爲少姜卒而往弔矣爲季孫意如執而往請矣以千乘之君而弔嬖妾且爲臣而親行則晉不得不易公也故或以莒人之愬而辭公或以鮮虞之伐而辭公使公知恭之不妄禮則一辭公固可以止何待至于再至于三而不已乎如是而流離於外

不得志於齊猶有望於晉以爲寄徬徨乎乾侯卒至於死而不悟此春秋所以屢書不少殺獨以有疾一著其實者所以志公之愧也

季孫宿如晉

三年春王正月丁未滕子原卒夏叔弓如滕五月葬滕成公秋小邾子來朝八月大雩冬大雨雹北燕伯款出奔齊

四年春王正月大雨雹

大雨雹左氏作雨雹公羊穀梁作雨雪當從左氏記災也葉子曰吾何以知雨雪之爲雹歟正月大雨雪非災也

夏楚子蔡侯陳侯鄭伯許男徐子滕子頓子胡子沈子小邾子宋世子佐淮夷會于申

楚子何以先諸侯主會也晉自悼公卒而平公立中國日益衰楚靈王方侈止許鄭以求諸侯平公不敢與之爭而從焉則中國幾於無霸也楚於是遂主會楚子先諸侯則何以不貶楚所以正諸侯也一人衡行於天下武王恥之諸侯知晉平公不足霸則勿會而已會而先楚子遂使楚子得以爭中國則晉與諸侯之罪也葉子曰楚子始欲求合諸侯而未定問於子產曰晉其許我乎又曰諸侯其來乎則楚子固自以爲不足服諸侯而懼其叛

君靜

也當是時使晉稍強其誰敢與爭晉強而諸侯聽之則楚亦不能肆其志而晉侯方溺於嬖寵豈復有志於中國哉楚偃然得專於諸侯諸侯舍晉無所附則亦不得已而從楚晉雖不會自胡沈小國至於淮夷無不在楚於是伐吴滅陳滅蔡殺干徵師楚之得志於中國未有盛於此時非楚子所能爲也黄池之會以夫差之強定公一數之且不敢不聽而平公不能行之於申故特挈楚子而無貶辭所以見中國之無霸而憫諸侯之無能爲也

楚人執徐子

徐吴出也楚方與吴爭強而不能服疑徐子爲貳

於吴因會而執之非伯討也故以人執

秋七月楚子蔡侯陳侯許男頓子胡子沈子淮夷伐吴

楚子既得志故復合諸侯以討吴何以言楚子伐吴猶會申也

執齊慶封殺之

此伐吴也何以言執齊慶封殺之慶封弒齊君而吴納之伐吴所以爲齊討也何以不言楚人殺齊慶封不與楚子得討賊之辭也楚子亦一慶封爾故先名而後言殺之之緩辭也不與其正之辭也

遂滅賴

賴國也孰滅之諸侯滅之也

九月取鄫

鄫莒附庸之國也莒前滅鄫取鄫何以復見莒復封之以爲附庸也去疾立而不撫鄫故我取焉

冬十有二月乙卯叔孫豹卒

五年春王正月舍中軍

舍者何不用也季氏始分公室作三軍叔孫氏爲中軍叔孫豹卒復欲兼二氏故毀其軍四分公室而擇其二二子各取其一皆盡征而貢於公魯自是無賦矣何以不言復二軍魯初無二軍也葉子曰三軍之作叔孫豹初不欲也盟諸僖閎詛諸五

父之衢蓋知季氏之意後必有甚於此者矣故復
竊其名以行其志中軍舍而季氏兼取其二則其
舍有進於三軍者是以齊國書之役孟氏以孺子
洩帥右師季氏以冉求帥左師各以其家臣爲之
將而叔孫武叔獨退而蒐乘則叔孫氏爲無軍矣
然季孫意如叔弓仲孫貜復以三軍伐莒見於昭
季孫斯叔孫州仇仲孫何忌復以三軍伐邾見於
哀則三軍之施舍時出而用之初不繫其所爲將
亦不必皆三家之臣但分其民與賦而已故作三
軍而前巳見四軍舍中軍而後復見三軍公羊穀
梁或以爲近正或以爲近古者皆不知其事而意

之也

楚殺其大夫屈申

屈申楚大夫之三命者也申楚之執政也靈王弒君而不能討及使之圍朱方而不得志於慶封故吳復來伐疑其貳於吳而殺之屈申之死罪累之也故以國殺

公如晉夏莒牟夷以牟婁及防茲來奔

牟夷莒大夫之再命者也何以言牟婁及防茲牟婁私邑防茲公邑不以私邑累公邑也

秋七月公至自晉戊辰叔弓帥師敗莒師于蚡泉秦伯卒冬楚子蔡侯陳侯許男頓子沈子徐人越人伐

吴

越始與伐何以得稱人能從討吴則越爲可進也諸侯不可從楚而可伐吴故不以從楚廢伐吴也

六年春王正月杞伯益姑卒葬秦景公夏季孫宿如晉葬杞文公宋華合比出奔衛

華合比宋大夫之三命者也

秋九月大雩楚薳罷帥師伐吴冬叔弓如楚齊侯伐北燕

七年春王正月暨齊平

孰暨之我也何以不言及齊平連而逮彼曰及幸而強彼曰暨齊自慶封來奔遂走之吴楚爲齊討

慶封而我不會齊蓋有憾於我矣故我求齊幸一
以爲平叔孫婼於是如齊以涖盟

三月公如楚叔孫婼如齊涖盟

叔孫婼吾大夫之三命者也

夏四月甲辰朔日有食之秋八月戊辰衛侯惡卒九月公至自楚冬十有一月癸未季孫宿卒十有一月癸亥葬衛襄公

八年春陳侯之弟招殺陳世子偃師

兩下相殺不書此何以書重殺君之世子也其曰陳侯之弟招者何陳哀公生世子偃師既又生公子留而嬖以留屬於招哀公疾招遂殺偃師而立

留以哀公爲親其弟而忘其子也故目弟焉

夏四月辛丑陳侯溺卒叔弓如晉楚人執陳行人干徵師殺之

干徵師楚大夫之三命者也徵師以哀公之赴于楚且告立君而以公子勝之愬不治招而殺徵師非伯討也故以人執先名而後言殺之之緩辭也不與其正之辭也

陳公子留出奔鄭

留未逾年之君也其曰公子留者何留偃師之立也不與留之得成君則是猶公子留也

秋蒐于紅

蒐春田之名也何以書不時且非其地也何以不言公季孫意如復得政欲以動其民則非公之所爲也葉子曰四時之田天子諸侯之常事也不書桓書大閱大閱冬事也冬田則狩也莊書治兵治兵秋事也秋田則獮也不記狩記大閱不記獮記治兵以其爲之者不以田也桓書狩于郎莊書狩于禚不記大閱而記狩于郎于禚以其爲之者不以武事也自莊而後田之不見于春秋者六世非皆廢而不舉其爲之者以常事則不書也至昭而累書蒐大蒐者三定而累書大蒐者二是豈習武事者哉蓋自季氏作三軍凡君之政皆在三家既

而復舍中軍以爲二公皆不得與焉臣之者三家也征之者三家也貢之者三家也則其所謂蒐與大蒐者皆自以閱其軍實而已是以自紅而後一名之曰蒐而加大焉亦非復先王春田之事比蒲之役邾子來會公而不書公則此五書皆不見公公非不與也以非公之爲則不書也

陳人殺其大夫公子過

公子過陳大夫之三命者也過招之黨也哀公同以留屬而殺偃師者楚既殺干徵師故招懼而歸罪於過以說楚雖招之爲固亦陳人之所欲討也大夫有罪而衆殺之故以人殺

大雩冬十月壬午楚師滅陳執陳公子招放之于越殺陳孔奐

楚爲偃師討而滅陳非討賊也滅國而已不殺招而放之則招之自免者亦不得行於公子過孔奐招之黨而反殺之故奐雖得討賊之辭而招不正其爲放是以先名而後言放之之緩辭也不與其正之辭也此楚子則曷爲謂之師不正其伯討則是其爲師焉者而已矣

葬陳哀公

陳已滅矣哀公何以得葬楚子葬之以說陳也葬臣子之事也謚臣之所以誄其君也楚子知滅陳

之爲愧不知奪人之國而身行其臣子之事爲尤愧也故齊取紀而書葬紀伯姬楚滅陳而書葬陳哀公春秋正其辭而一施之焉

石林先生春秋傳卷第十七

後學　成德　校訂

巴陵鍾謙鈞重刊

石林先生春秋傳卷第十八

葉　氏

昭公二

九年春叔弓會楚子于陳許遷于夷夏四月陳災

外災不書此何以書存陳楚既滅陳而以其國災告君子以爲陳非楚之所得有此陳災非楚災也故正其名以存陳也葉子曰春秋滅國多矣君子何獨於陳致意焉陳舜之後而天子以爲三恪者也子在齊聞韶三月不知肉味曰不圖爲樂之至於斯而況其後乎陳亡而舜不祀矣楚滅六臧文仲聞之猶曰皐陶不祀忽諸此君子之所以欲存

陳也

秋仲孫貜如齊

仲孫貜吾大夫之三命者也

冬築郎囿

築囿者何包地以厲民也古者諸侯一囿成築鹿囿已過矣今又於郎以築焉成公之囿以鹿名見從禽也昭公之囿以郎名見包地也其爲民則俱已殆矣

十年春王正月夏齊欒施來奔

欒施齊大夫之三命者也

秋七月季孫意如叔弓仲孫貜帥師伐莒

季孫意如吾大夫之三命者也師舉元帥其言意
如弓貜者大夫強而各爲師也

戊子晉侯彪卒九月叔孫婼如晉葬晉平公十有二
月甲子宋公成卒

十有一年春王二月叔弓如宋葬宋平公夏四月丁
巳楚子虔誘蔡侯般殺之于申

誘者何詐之也楚子在申召蔡靈侯伏甲而饗醉
而執之葉子曰蔡人殺陳佗春秋以討賊之辭與
之般負弒君之罪十有三年諸侯不能討而楚討
焉然不得與陳佗同辭而楚子不免於名何也楚
子且不可以討齊慶封何可以討般而況於詐之

乎故衛侯燬以誘滅邢侯名楚子虔以誘殺蔡侯
名然則何以不曰楚子虔誘執蔡侯般于申賤之
也可與齊慶封同辭不可與滕嬰齊同辭

楚公子弃疾帥師圍蔡

公子弃疾楚大夫之三命者也

五月甲申夫人歸氏薨

襄公之夫人也

大蒐于比蒲

蒐言大大比之禮也古者寓兵於農自五家之比
爲閭爲族爲黨爲州而六鄉立焉自五人之伍爲
卒爲兩爲旅爲師而六軍立焉四時之田以習武

事者軍而已合兵與農而挍其夫家之衆寡均土
地閱老幼至於貢賦車輦無不盡治則三歲一脩
之曰大比常時不書此何以書季氏之爲也葉子
曰吾何以知大蒐之爲大比歟大蒐之禮以辨鼓
鐸而已然而春秋之時晉作三軍以謀帥則謂之
蒐鄭因火以簡兵則謂之蒐有伐而告諸侯稱蒐
有社而誇國容稱蒐者則非春田也大比也魯自
作三軍三分公室取其二民之與賦猶有其一也
至舍中軍四分公室而盡征之則民之與賦皆非
公之所得有大蒐所以書豈以兵民之權盡在於
季氏内以脅其君而外以威其敵者歟左氏以爲

自根牟至于商衞革車千乘此非紅之事比蒲之爲也故昭公以是而失位定公以是而得國彼無以制之則君之所廢置唯其所欲爲昭十有一年而再舉猶云可也定此年而迭舉則有甚焉哀公所以欲假越而爲之謀者誠知其無以自爲國也

仲孫貜會邾子盟于祲祥秋季孫意如會晉韓起齊國弱宋華亥衞北宫佗鄭罕虎曹人杞人于厥憖

華亥北宫佗宋衞大夫之三命者也

九月己亥葬我小君齊歸

齊謚也

冬十有一月丁酉楚師滅蔡執蔡世子有以歸用之

有未踰年之君也何以稱世子與之以繼世也有靈公之子誅君之子不立疑不得繼世者也楚子圍蔡有不爲之服八月而後克之執有以歸而用焉非以有歸也以爲如是而後世子之道盡矣用之者虐之也是以先名而後言用之之緩辭也不與其正之辭也此楚子也則曷爲謂之師不正其伯討則是其爲師焉者而已矣

十有二年春齊高偃帥師納北燕伯于陽

高偃齊大夫之三命者也陽北燕之邑也何以不言納于北燕未得北燕也其曰納與其納也

三月壬申鄭伯嘉卒夏宋公使華定來聘公如晉至

河乃復五月葬鄭簡公楚殺其大夫成熊

成熊楚大夫之三命者也熊與鬬氏同出於若敖氏楚人惡鬬椒之亂或譖成熊於楚子曰若敖氏之餘也成熊知之不能去楚子於是殺之成熊之死罪累上也故以國殺

秋七月冬十月公子憖出奔齊

公子憖吾大夫之三命者也

楚子伐徐晉伐鮮虞

鮮虞白狄之別種也晉何以舉國狄之也荀吳欲伐鮮虞僞會齊師而假道焉以入昔陽遂因其師而伐鮮虞詐而乘人以是爲夷狄之道也

十有三年春叔弓帥師圍費

費季氏之邑也邑不言圍此何以言圍以公之不能正費也南蒯季氏之家臣季平子不禮於南蒯謀出季氏立公子慭不克而叛於齊有季氏之强而後南蒯得以肆其惡以國有政焉則不至於是也

夏四月楚公子比自晉歸于楚弒其君虔于乾谿

弒君未有言自者何以言公子比自晉歸於楚比歸而後楚子可得弒也靈公爲無道作乾谿之臺三年不成公子弃疾召比脅而立之然後令于乾谿之役曰比已立矣後歸者不得復其田里衆罷

而去靈王無與處於是經而死故以比主弑也葉子曰召比脅而立之者弃疾也今以比主弑則弃疾爲免歟春秋之義常加於人之所疑而不加於人之所不疑弃疾之罪固無得而進矣比之非其謀則世或疑其可免焉使比知己之不可立效死而不聽則靈王固未遽死矣今告之謀而聽立之爲王而從雖曰脅之終不以己之私易靈王之死則靈王之死非比爲之乎治弃疾則比免治比則弃疾不免君子於是以比主弑也

楚公子弃疾殺公子比

此討賊也何以言公子弃疾弃疾亦弑君者也故

以兩下相殺之辭言之

秋公會劉子晉侯齊侯宋公衞侯鄭伯曹伯莒子邾子滕子薛伯杞伯小邾子于平丘

劉子王之中大夫也

八月甲戌同盟于平丘

何以再地平丘善之也自申之會楚子主中國晉不復合諸侯者八年楚遂滅陳與蔡肆行於天下諸侯莫敢與之爭蓋晉政已衰矣雖齊之彊猶且附楚及昭公立而爲是會因以服齊返陳蔡之君劉子在焉蓋請於王而爲之也於是齊聽命而陳吳蔡廬皆得復其國興滅國繼絶世而楚知中國

之有霸君子是以善之也

公不與盟

公何以不與盟邾莒愬公而不得盟也不得盟則何以不諱恥不足恥也邾莒不共晉而曰魯朝夕伐我我之不共魯故之以晉侯於是辭公子服惠伯曰君信蠻夷之訴以絕兄弟之國弃周公之後寡君聞命矣君子以是爲不恥也

晉人執季孫意如以歸

辭公非矣又執意如非伯討也故以人執

公至自會蔡侯廬歸于蔡陳侯吴歸于陳

此蔡世子陳世子也何以曰蔡侯陳侯諸侯請於

王而復之則君也何以不言復歸舊位巳絶也君之則何以名復國之辭也内無君則何以復國之辭言之陳蔡巳滅矣不名則無以别其爲廬與吴也其言歸順辭也以王命復則其道爲順也

冬十月葬蔡靈公公如晉至河乃復吴滅州來

州來國也何以知其爲國邑不言滅外取邑有見則繫之國非有見則不書也

十有四年春意如至自晉

意如何以不氏一事而再見者卒名之也

三月曹伯滕卒夏四月秋葬曹武公八月莒子去疾卒冬莒殺其公子意恢

意恢莒諸公子也何以不曰大夫非大夫也曷爲以國殺莒郊公立不感其父之喪善意恢而惡公子鐸鐸於是與蒲餘侯謀殺意恢而出郊公意恢之死郊公之爲也

十有五年春王正月吳子夷末卒二月癸酉有事於武宫籥入叔弓卒去樂卒事

叔弓卒何以言有事於武宫籥入涖事而卒也君在祭樂之中大夫卒不以告涖事而卒事之變也大夫卒廢繹不廢祭以大夫爲重而廢祭則忘尊以宗廟爲重而不去樂則忘恩去樂卒事變之正也君子與焉葉子曰吾何以知在祭樂之中大夫

卒不以告歟昔者衛有大史曰柳莊寢疾衛侯以爲社稷之臣曰若革疾雖當祭必告則當祭大夫卒不告當祭而告者以柳莊爲之也

夏蔡朝吴出奔鄭

朝吴蔡大夫之三命者也

六月丁巳朔日有食之秋晉荀吴帥師伐鮮虞冬公如晉

十有六年春齊侯伐徐楚子誘戎蠻子殺之

楚子戎蠻子何以不名兩夷狄之辭也以楚子爲夷狄則誘殺不足誅以戎蠻子爲夷狄則死不以正不足治所以絶於中國也

夏公至自晉秋八月己亥晉侯夷卒九月大雩季孫意如如晉冬十月葬晉昭公

十有七年春小邾子來朝夏六月甲戌朔日有食之

秋郯子來朝八月晉荀吳帥師滅陸渾之戎

陸渾之戎公羊穀梁作戎左氏作之戎當從左氏不正其詐周也晉欲伐戎而請於周曰欲有事於雒與三塗遂涉自棘津以滅陸渾是以謂之詐周故辭閒容之之緩辭也不與其正之辭也

冬有星孛于大辰

記異也大辰大火也言孛之在大火也

楚人及吴戰于長岸

吳伐楚令尹陽匄卜戰不吉公子魴以上流欲戰故以楚及吳言楚之主戰也何以不言師敗績兩夷狄之辭也

十有八年春王三月曹伯須卒夏五月壬午宋衛陳鄭災

外災不書此何以書宋陳所志也衛鄭以同日爲異也

六月邾子入鄅秋葬曹平公冬許遷于白羽

十有九年春宋公伐邾夏五月戊辰許世子止弒其君買

止非弒而言弒因其志以見正也古者醫不三世

不服其藥君有疾飲藥臣先嘗之親有疾飲藥子先嘗之止之不嘗藥既自以爲罪矣是以因其志而正之也葉子曰趙盾與止皆加之弒者也而春秋之義不同趙盾加弒治之者也治之者所以戒天下之爲人臣者也許止加弒與之者也與之者所以勸天下之爲人子者也何以知許止之爲與也董狐書盾弒盾始曰天乎無罪孰爲盾而忍弒其君者乎則盾未知其過者也未知其過而不治則凡爲人臣者皆得以自免故加之以弒使天下後世知有如盾者皆當與弒等故曰所以戒也許悼公死止曰我與夫弒者不立乎其位以與其弟

斯哭泣歠飦粥嗌不容粒未踰年而死則國人不以弒責止而止自責其志宜可與也故從而加之弒者使天下後世有如止者亦不敢自逃乎弒故曰所以勸也此悼公所以得葬於後如是而爲人子之道盡矣故以許止一見法焉

己卯地震秋齊高發帥師伐莒

高發齊大夫之三命者也

冬葬許悼公

二十年春王正月夏曹公孫會自鄸出奔宋

公孫會曹大夫之三命者也奔未有言自者此何以言自強也鄸會之邑也會有罪曹人將治之不

服而走其邑曹人迫之然後出奔其固自絕於曹也可言自鄭奔不可言自曹奔葉子曰臧武仲據防求後於魯而後奔邾孔子曰雖曰不要君吾不信也武仲以求後而據防且不可會不服罪而走鄭其能免於春秋歟

秋盜殺衛侯之兄縶

縶公羊穀梁作輒左氏作縶當從左氏春秋不以疾名人縶靈公之庶兄也其不立非疾也盜微者也有國不能保其兄而使微者得以殺之以靈公爲不能弟也故目兄

冬十月宋華亥向寧華定出奔陳十有一月辛卯蔡

侯廬卒

二十有一年春王三月葬蔡平公夏晉侯使士鞅來

聘宋華亥向寧華定自陳入於宋南里以叛

向寧宋大夫之三命者也南里國中之南也叛者

叛於楚也

秋七月壬午朔日有食之八月乙亥叔輒卒冬蔡侯

朱出奔楚公如晉至河乃復

二十二年春齊侯伐莒宋華亥向寧華定自宋南里

出奔楚大蒐于昌間夏四月乙丑天王崩六月叔鞅

如京師

叔鞅吾大夫之三命者也

三百壬

葬景王

葬天王不書此何以書不正其無故以大夫會葬也

王室亂

王室者何內也亂者何大夫爭立君也大夫爭立君則何以言王室亂亂自內作非有亂之者也葉子曰厲王言天下蕩蕩無綱紀文章而其詩曰枝葉未有害本實先撥故序詩者以爲周室大壞幽王言西戎東夷交侵中國而其詩曰苕之華芸其黄矣故序詩者以爲閔周室之將亡王室之爲言固天下之所本猶枝葉之有幹也然王子帶之難

襄王出居于鄭而不言亂襄王猶在也乃景王崩敬王未立周蓋未有君君之廢置唯劉單尹召毛五子之所爲雖有王猛之正而不得立則天下何適以聽命此君子所以志其亂歟

劉子單子以王猛居于皇

王猛穆后之子大子壽之母弟也君薨稱子繫名王猛何以不言子與之以王而正其所得立也其曰以居于皇者何制在劉子單子也君者受顧命於先王而臣之所宜奉之者也立君而制於臣非立之道也皇畿内之邑言居則猛之所宜有也葉子曰吾何以知猛之爲正而得立歟猛大子之母

弟而幼也朝庶子而長也魯襄公無嫡立敬歸之子野而卒季氏欲立敬歸之娣齊歸之子裯穆叔曰不可大子死有母弟則立之謂裯雖敬歸娣之子而非嫡則不宜立也楚平王無嫡子西爲庶長昭王雖以爲大子而子常欲立子西曰大子壬弱其母非嫡也子西長立長則順謂子西與昭王皆非嫡而子西長則宜立也齊桓公以公子昭屬宋襄公桓公死齊人立武孟宋襄公伐齊納公子昭而春秋不與焉晉人以趙盾納捷菑于邾邾人以貜且捷菑皆庶子而貜且長趙盾不克納而春秋與焉夫必大子之母弟而後可以繼大子則猛爲

壽之母弟所得立者也必無嫡而後可以立庶長則猛雖在朝長所不得立也而朝之言曰王后無嫡則立長是謂大子爲嫡而欲以長奪猛夫安知大子母弟亦嫡哉此固朝之所以絶於春秋也

秋劉子單子以王猛入于王城

王城西都郟鄏也其言入何難也朝猶在焉然則天子亦有難於天下乎不難則無以正朝之罪也故王猛入于王城言入天王入于成周言入

冬十月王子猛卒

曰王猛矣何以復言王子猛正終之辭也何以不言崩未踰年之王也葉子曰三家言猛事皆不同

學者疑焉公羊穀梁皆謂猛爲不得立不知其事而以春秋書入意之也左氏知其事矣而不能明其所得立王子朝賓起有寵於景王劉伯蚠惡賓起之爲人而欲殺之惡朝之言以爲亂而欲去之是猛爲大子巳定于景王而朝以寵欲奪之也及景王崩劉單見王猛殺賓起而盟羣公子則猛固巳即喪次之位而見羣臣矣故後謚之曰悼公然而春秋不書焉者不正其未踰年而得稱王也敬王猛之母弟亦立於劉單春秋正名之曰天王使猛而得踰年則豈不以天王名之哉凡春秋以尊者見卑者以不正者見正者王子帶之亂見襄王

不見子帶襄王尊也今猛與朝更爲出入自猛居
皇至于卒見猛不見朝則猛亦尊也朝書尹氏立
而敬王立不書敬王正也今猛立亦不書與敬王
同盟亦正也惟尊且正則天下皆其所得居矣故
襄王書居于鄭敬王書居于狄泉猛亦書居于皇
其辭一施之則猛之得立其事與義固已具之矣
豈三家未之思歟

十有二月癸酉朔日有食之

二十有三年春王正月叔孫婼如晉癸丑叔鞅卒晉
人執我行人叔孫婼

婼以晉討邾人之愬使于晉晉侯執之使與邾大

夫坐婼不從乃以其介當之而館婼於箕非伯討也故以人執

晉人圍郊

郊朝之邑也邑不言圍此何以言圍以朝在焉圍郊所以圍朝也朝始作亂蓋以郊要餞三邑之甲逐劉子焉晉以籍談荀躒之師納王何以書人貶也納王而使大夫非勤王之道也

夏六月蔡侯東國卒于楚秋七月莒子庚輿來奔戊辰吳敗頓胡沈蔡陳許之師于雞父胡子髡沈子逞滅獲陳夏齧

夏齧陳大夫之三命者也此救州來之師也何以

直言敗公子光之詐戰也楚以六國之師救州來令尹子瑕卒而楚師熸光以遂越攝將賤而多寵政令不一七國同役不同心乃請先犯胡沈陳以奔楚師詐之也六國之師何以不累數夷狄之辭也胡子髡沈子逞何以言滅死也陳夏齧何以言獲生得也凡君死於位曰滅生得曰獲大夫生死皆曰獲滅國我滅之故文在上君死自滅也故文在下

天王居于狄泉

天王敬王也敬王猛之母弟所得立者也未三年則何以稱王曠年不可以無君踰年而稱者臣子

之辭也

尹氏立王子朝

王子朝何以書立不正其立也其言尹氏立者何見世卿也朝始欺而奔尹尹圍誘劉佗殺之敬王如劉尹辛復敗劉師而取西闈遂以立朝則立朝者尹氏非一人也是巳王矣其猶曰王子朝者何不正其立則不與其得王稱也是猶王子朝云爾

八月乙未地震冬公如晉至河有疾乃復

復未有言疾者此何以言有疾見外此皆無疾也

二十有四年春王二月丙戌仲孫貜卒婼至自晉

婼何以不氏一事而再見者卒名之也

夏五月乙未朔日有食之秋八月大雩丁酉杞伯郁釐卒冬吳滅巢

巢國也

葬杞平公

二十有五年春叔孫婼如宋夏叔詣會晉趙鞅宋樂大心衛北宫喜鄭游吉曹人邾人滕人薛人小邾人于黄父

叔詣吾大夫之三命者也趙鞅樂大心北宫喜游吉晉宋衛鄭大夫之三命者也此謀王室也敬王在狄泉趙鞅合諸侯之大夫輸王粟具戍人曰明年將納王葉子曰天子蒙塵諸侯奔走以問官守

禮也今周之無王四年矣而朝猶在此諸侯所宜奔走以共獎王室而討罪人也晉爲盟主雖能合諸侯而不親會卒無所効其力而春秋之辭不加貶何也古者能齊家然後能正其國能正國然後能正天下今王室釁起於父子而禍成於兄弟春秋旣書曰王室亂見其治家者如此固不足以正國則何以責諸侯之不能正乎易曰父父子子兄兄弟弟夫夫婦婦而家道正正家而天下定矣君子以爲使諸侯而至是者周實有以召之故緩諸侯而急王室蓋將使有天下者得以自反也故於黄父一見法焉

有鸜鵒來巢

記異也鸜鵒非中國之禽宜穴而巢也葉子曰天有時地有氣橘踰淮而北爲枳鸜鵒不踰濟貉踰汶則死地氣也天有時而生有時而殺草木有時以生有時以死石有時以泐水有時以凝山有時以澤天時也天反時爲災地反物爲妖故天失其時則書隕霜殺菽隕霜不殺草李梅實地失其氣則書鸜鵒來巢

秋七月上辛大雩季辛又雩

雩而得雨則書雩既雩矣何以又雩非請雨也欲聚衆以逐季氏也

九月己亥公孫于齊次于陽州

奔也内不言奔若曰不有其地而自去云爾陽州齊地次于陽州待命于齊也

齊侯唁公于野井

唁弔也弔死曰弔弔生曰唁

冬十月戊辰叔孫婼卒十有一月己亥宋公佐卒于曲棘

曲棘宋地何以書非正也

十有二月齊侯取鄆

鄆魯鄆也外取内邑不書此何以書欲居公也公不能自有其地而齊取之以居公為公者病矣其

挈齊侯者不能納公而徒取其地以居之非諸侯之道也

二十有六年春王正月葬宋元公

公已出矣孰葬之以公命葬之也以公命葬者猶以爲有公也葉子曰昭公旣出魯之政盡在季氏矣然春秋交諸侯之事未嘗不書而王室與諸侯所當告者亦未嘗不赴蓋季氏避逐君之名而以公自出告於諸侯凡國之事皆以公命行之而王室諸侯亦不以魯爲無君而不赴故春秋所書與常法一施之將以見季氏雖有無君之心而不敢不畏於名王室諸侯亦不以季氏而亡公則公固

非季氏之所能絶也

石林先生春秋傳卷第十八

後學　成德　校訂

巴陵鍾謙鈞重刊

石林先生春秋傳卷第十九

葉　氏

昭公三

三月公至自齊居于鄆

公既失守其宗廟矣何以書至春秋之辭也公雖居外而義不敢以外公故猶以在國之禮書之也

夏公圍成

成孟氏之邑邑不言圍此何以言圍以公之不能得成也附於季氏齊侯謀納公梁丘據取申豐之貨請先卜於成故公以齊師伐成而不能克公既失國而假人之師以伐私邑故挈公焉病公也

秋公會齊侯莒子邾子杞伯盟于鄟陵

謀納公也邾莒魯之怨杞伯不能自立久矣而何盟焉者著齊志也

公至自會居于鄆九月庚申楚子居卒冬十月天王入于成周

成周東周也

尹氏召伯毛伯以王子朝奔楚

三子與朝皆王之大夫也何以不言出周非大夫所得同出也故與王子瑕之辭一施之何以知其齊自周出也王猛卒于王城而尹氏立朝王城亦王國也以別於成周爾及敬王入於成周而三子

以朝奔楚則其出固自周也葉子曰或曰禮天子不言出朝嘗立而君矣爲其以不正非所得君也故春秋奪之不得與天王同辭是豈瑕之比歟非也君朝者誰乎尹氏也春秋固未嘗與之夫不見與於春秋何君之云是亦周之大夫爾天子不言出非先君子之言也吾固論之矣

二十有七年春公如齊公至自齊居于鄆夏四月吴弑其君僚

稱國以弑衆弑君之辭也此闔廬之弑也何以言衆僚以篡立衆之所弃也

楚殺其大夫郤宛

郤宛楚大夫之三命者也宛暱費無極之讒而求說於令尹囊瓦以其藏甲取賂譖之囊瓦信費氏讒而殺宛盡滅郤氏族黨郤宛之死罪累上也故以國殺

秋晉士鞅宋樂祁犁衛北宮喜曹人邾人滕人會于扈

樂祁犁宋大夫之三命者也此謀納公也鄟陵之盟合三國而後不果今晉復合諸侯之大夫而士鞅取貨於季氏脅宋衛亦無成然辭無所貶以公不能於季氏則未可責諸侯大夫之不能復公也

葉子曰黃父之會大夫不貶所以正天子而有天

下者也扈之會大夫不貶所以正諸侯而有一國者也

冬十月曹伯午卒邾快來奔

快邾大夫之三命者也

公如齊公至自齊居于鄆

二十有八年春王三月葬曹悼公公如晉次于乾侯

乾侯晉地也次于乾侯待命于晉也公旣不得於齊因扈之會故改而求之晉見公不得其所也

夏四月丙戌鄭伯寧卒六月葬鄭定公秋七月癸巳滕子寧卒冬葬滕悼公

二十有九年春公至自乾侯居于鄆齊侯使高張來

唁公

高張齊大夫之三命者也齊侯嘗唁公矣此何以復唁公以公求晉而不獲也非徒吾不能納晉亦不能納爾齊侯於是稱主君子家子曰齊卑君矣君祗辱焉公於是復如乾侯

公如晉次于乾侯夏四月庚子叔詣卒秋七月冬十月鄆潰

内未有言潰者此何以言潰見公之失民也始公出齊國人如釋重負公之居鄆齊侯命之鄆人未必欲也故公舍齊而適晉鄆人遂潰

三十年春王正月公在乾侯

鄆潰故公留于乾侯中國不言在言在存公也
夏六月庚辰晉侯去疾卒秋八月葬晉頃公冬十有
二月吳滅徐徐子章羽奔楚
滅國不名內無君也徐子何以名賤之也吳子始
伐徐防山而水其城徐子斷髮攜其妻子以逆吳
子吳子爲唁而送之使邇臣迫其後徐子乃奔以
徐子爲求服不獲而奔也
三十有一年春王正月公在乾侯季孫意如會晉荀
躒于適歷
荀躒晉大夫之三命者也謀納公也意如身爲惡
晉欲納公而意如何謀焉著晉志也

夏四月丁巳薛伯穀卒晉侯使荀躒唁公于乾侯

晉侯嘗謀納公矣何以復唁公以季氏爲不欲也

葉子曰齊晉皆無意於納公者也夫諸侯失位自非得罪於其國而不能容則必有與之爭國而篡奪或權臣擅命而迫逐之也上無天子下無方伯旣無以討其罪則諸侯力能正之則正之者義安得而不爲乎故春秋凡納君而得其正者未嘗不與也頓子迫於陳而出奔楚人圍陳而納之春秋雖夷狄楚然猶書納頓子于頓蓋善之以勸諸侯之義也方昭公之時見逐於季氏苟明君臣之義者孰不欲加誅於意如而大國先於齊晉晉爲霸

主尤諸侯之所服而聽命者也使果有意於納公一興師而季氏無不服矣而公徬徨於陽州乾侯之間者八年齊一爲鄟陵之盟而謀之於其怨與弱國晉一爲適歷之會而謀之於其罪人中間雖晉合五國以會於扈而齊不與士鞅卒取魯貨而無成功晉侯不以爲過也有意如不能問而徒取鄆圍成寄公於乾侯此豈其志哉故齊徒能使高張來唁其不得見於晉晉徒能使荀躒來唁其不得入於魯不知其責皆在於己而莫之爲也故春秋據其實而書之未嘗加之辭亦以爲不待貶絶而自見者非特發齊魯之隱使不得欺於當時見

三頁共

昭公之暗且懦墮二國之計往來迭求至死而弗悟雖無季氏固未可保其國者也

秋葬薛獻公冬黑肱以濫來奔

黑肱者何濫之黑肱也何以不言濫邾之別子非受封於天子者也

十有二月辛亥朔日有食之

三十有二年春王正月公在乾侯取闞

闞內邑也魯羣公墓之所在孰取之公取之也公在乾侯則何以取闞公以乾侯爲不得其所故欲託於先公之墓以居也內邑則曷爲謂之取以公不能自有其地猶取之外

夏吳伐越秋七月冬仲孫何忌會晉韓不信齊高張宋仲幾衛世叔申鄭國參曹人莒人薛人杞人小邾人城成周

仲孫何忌吾大夫之三命者也韓不信仲幾世叔申國參晉宋衛鄭大夫之三命者也天子之都而諸侯城之正也諸侯不自城而使大夫城非正也何以無貶辭以大夫有勤王之心不可貶也大封天子合衆之禮也古者天子無城成周而城天王固已病矣諸侯無封城成周諸侯固已違矣然而王室亂天子不能城諸侯而不能共其事大夫而能共其役變之正也雖欲加之辭不可也何以不

言京師宗周亦京師也葉子曰天下有道守在四夷域民不以封疆之界固國不以山谿之險王室烏在城而後固與歲十一月土功興司徒詔民司空詔事雖宮室溝洫道路之政皆在王而有城未有壞而至於脩也王畿之内凡徒役之政家一人歲三日功築不煩而民無所困其力城而有役未有勤民於民也然不幸而至於城諸侯不能共其事大夫不能共其役夫誰與王立者故義所可城城邢雖諸侯猶可況天子乎城楚丘雖遷而城猶可況不遷乎吾是以知其爲變之正而通乎大夫之城者春秋之義也乃天王之病則自若矣

十有二月己未公薨于乾侯

定公一

元年春王

何以不書正月元年正月所以正始也定之立不以正則其始不得爲正也定公昭公之弟也昭公薨季孫意如廢大子公衍而立定公定公蓋受國於季氏非受國於昭公也國不受於先君而受於權臣非正也大子不得位而弟得位亦非正也元年者定公之年也定公以六月即位而得稱元年稱年者不以月元可與也月者元年之月也可以其始稱元不可以其始稱正正不可與也葉子曰

舜避堯之子三年然後踐天子位方其格文祖曰月正而不言正月未踐位則不可言正月也武王伐紂二月而後克方其渡孟津曰一月而不言正月其未克紂則不可言正月也夫正之不可易如此雖舜之未得位武王之未得國且猶不敢稱而况於定公乎如是而後知天子諸侯不可輕以其位與人人亦不可輕受其位於天子諸侯雖有大臣亦不可以其權而輕予奪其君故以定公一見法焉

三月晉人執宋仲幾于京師

此大夫之執也何以與霸主之辭一施之以霸主

之令執也以霸主之令而執則何以言晉人役在
王都仲幾不受功而執之不以歸之天子而歸霸
主三月而後返諸京師非伯討也故以人執
夏六月癸亥公之喪至自乾侯
公薨于乾侯非正也故辭閒容之之緩辭也不與
其正之辭也
戊辰公即位
諸侯薨五日而殯正棺乎兩楹之間而後即位者
喪次之嗣位也不書踰年以其正月朔即位者朝
廟之君位也書而不日昭公薨至是踰年矣不嫌
於一年二君則不必待踰年而即君位自癸亥至

戊辰歷五日殯之節也曠年不可以無君則以喪次之嗣位遂正朝廟之君位者變之正也故特書日

秋七月癸巳葬我君昭公九月大雩立煬宮

煬宮者何煬公之宮也煬公伯禽之子廟已毀矣毀而復立非禮也

冬十月隕霜殺菽

記異且災也建酉之月而隕霜固異矣又殺菽焉不言草殺草不爲災也

二年春王正月夏五月壬辰雉門及兩觀災

以雉門及兩觀災自雉門始也禮天子有兩觀諸

侯有臺門魯何以有兩觀周公之賜也
秋楚人伐吴冬十月新作雉門及兩觀
何以言新作有加其度也禮天子之門制路門不容乘車之五个應門二徹三个魯雖得有庫門雉門以天子皐門應門而爲之也新作雉門及兩觀豈有因災而僭天子者歟故與南門之辭一施之子家駒言魯僭天子之禮曰設兩觀設之爲言有爲爲之也
三年春王正月公如晉至河乃復二月辛卯邾子穿卒夏四月秋葬邾莊公冬仲孫何忌及邾子盟于拔
四年春王二月癸巳陳侯吴卒三月公會劉子晉侯

宋公蔡侯衛侯陳子鄭伯許男曹伯莒子邾子頓子胡子滕子薛伯杞伯小邾子齊國夏于召陵侵楚夏

四月庚辰蔡公孫姓帥師滅沈以沈子嘉歸殺之

公孫姓蔡大夫之三命者也沈楚之與國也故晉以不會召陵而討焉然以蔡怨楚因使伐沈蔡遂滅沈而殺其君非道也是以沈子先名而後言殺之之緩辭也不與其正之辭也

五月公及諸侯盟于臯鼬

諸侯何以不序不足序也楚囊瓦有美裘之怨於蔡侯止蔡侯於南郢不歸者三年晉以蔡侯之請合十八國之諸侯會于召陵以侵楚天子以王臣

臨之荀寅求貨於蔡侯弗得而辭諸侯固已失矣故公再合諸侯而爲此盟後亦無聞焉蔡侯於是求於吳而吳入郢中國無能爲而後夷狄得以致其功以諸侯爲不足序也

杞伯成卒于會六月葬陳惠公許遷于容城秋七月公至自會劉卷卒

劉卷者何劉子也外大夫不卒此何以卒嘗主會以臨我天子爲之赴而我喪之也何以不言爵褒內諸侯不言爵不得以爵見也

葬杞悼公楚人圍蔡晉士鞅衛孔圉帥師伐鮮虞

孔圉衛大夫之三命者也

葬劉文公

卷何以稱公主人之辭也古者卿六命賜官故卿得臣其邑大夫不得臣其邑得臣其邑則言公不得臣其邑則言主公者君也故曰大夫不稱君

冬十有一月庚午蔡侯以吴子及楚人戰于柏舉楚師敗績

蔡以楚圍請救於吴吴子爲之興師故以蔡侯吴子及楚人言蔡之主戰也吴何以稱子進之也召陵之會皐鼬之盟諸侯旣無能爲吴子能爲之出師一戰而復楚讎則中國之不若也其曰蔡侯以吴子何言吴子之爲蔡用也此楚囊瓦之師也何

以稱楚人貶而人之曰是拘蔡侯者也

楚囊瓦出奔鄭

囊瓦楚大夫之三命者也

庚辰吴入郢

吴何以復稱國夷狄之也吴既入郢以班處于楚王之宫君居其君之寢而妻其君之妻大夫居其大夫之寢而妻其大夫之妻葢有欲妻楚王之母者也何以不言楚既狄之矣不使得與諸侯入國之辭同故不以楚與之是入郢而已

五年春王三月辛亥朔日有食之夏歸粟于蔡

孰歸之我歸之也我何以歸粟於蔡蔡圍於楚而

饑諸侯相與共歸之也諸侯歸之則何以獨言我救災恤患諸侯之道人得自爲者也

於越入吴

於越者何越之自名者也名從主人

六月丙申季孫意如卒

葉子曰學者言春秋内大夫弑君皆貶不書卒是以公子翬不書卒仲遂卒有爲而書之也故以意如書卒爲正其爲定公之大夫以見定公不討賊而賞私勞吾以爲不然弑君之賊以爲君貶之而不卒耶則桓公與翬同惡者也桓公既以弑立而進翬爲三命稱公子其爲大夫可知矣安有生以

爲大夫而死反追其罪不以大夫卒之乎以爲春
秋貶之而不卒邪則翬進三命之大夫尚不以進
桓而書卒意如之爲大夫當從先君而不革乃反
責之爲大夫而卒之乎二義皆無當春秋不輕以
弑加人昭公雖以意如逐君而死於外正以爲弑
則春秋宜有別矣楚公子比從弃疾之立靈王縊
而死以公子比主弑蓋靈公之死由比也今昭公
不以逐而死不得其正謂意如爲弑可乎然則翬
弑而春秋無貶文以桓公主弑也遂弑而春秋無
貶文以宣公主弑也貶翬遂則桓宣得以免矣意
如之罪異於二人春秋於昭公書季孫意如固不

待貶絕而自見稔其惡定公而不書正月所以誅意如者已盡而定公終身不得爲正其貶之亦孰大於是則治定公與意如者不在其卒意如也

秋七月壬子叔孫不敢卒

叔孫不敢吾大夫之三命者也

冬晉士鞅帥師圍鮮虞

六年春王正月癸亥鄭游速帥師滅許以許男斯歸

游速鄭大夫之三命者也

二月公侵鄭公至自侵鄭公季孫斯仲孫何忌如晉

季孫斯吾大夫之三命者也使舉上客季孫斯仲孫何忌何以並見非使介也以二卿並出也聘則

何以使二卿出非常聘也爲陽虎請已也陽虎欲作亂謀殺三桓取魯國因季孫斯獻鄭俘强使仲孫何忌報夫人之幣與之俱以爲後圖於是何忌謂范鞅曰陽虎若不能居魯而息肩於晉所不以爲中軍司馬者有如先君季孫斯蓋畏虎而不能止也

秋晉人執宋行人樂祁犁

祁犁使晉嘗主於范鞅及是趙簡子逆而飲之酒范氏趙氏方交惡范鞅怒以其私告於晉侯曰祁犁以君命越疆而使未致而私飲酒於趙氏不敬二君乃執之非伯討也故以人執

冬城中城

中城公宮之城也三家既張公懼於爲亂故脩中城以備之不正其脅於彊臣而自固也

季孫斯仲孫忌帥師圍鄆

鄆内邑也不言圍此何以言圍以公之不能得鄆也其事則史失之矣其曰仲孫忌者何仲孫何忌也不曰何忌闕文也

七年春王正月夏四月秋齊侯鄭伯盟于鹹齊人執衛行人北宫結以侵衛

北宫結衛大夫之三命者也鹹之會齊侯召衛侯衛侯欲叛晉而事齊諸大夫不可衛侯乃使北宫

結使齊私齊侯曰執結以侵我大夫則從矣齊侯

於是執結以侵衛非伯討也故以人執

齊侯衛侯盟于沙大雩齊國夏帥師伐我西鄙

國夏齊大夫之三命者也

九月大雩冬十月

八年春王正月公侵齊公至自侵齊二月公侵齊三月公至自侵齊曹伯露卒夏齊國夏帥師伐我西鄙公會晉師于瓦公至自瓦秋七月戊辰陳侯柳卒晉士鞅帥師侵鄭遂侵衛葬曹靖公九月葬陳懷公季孫斯仲孫何忌帥師侵衛冬衛侯鄭伯盟于曲濮從祀先公

從者何順也古者謂從爲順横爲逆先公者何閔公也孰祀之陽虎也文公躋僖公以先閔公魯人以爲逆祀陽虎欲去三桓而代之故順祀閔公僖公以求說於魯人何以不言陽虎不與陽虎得主宗廟也禘則何以謂之祀禘非陽虎之所得爲也閔公則何以謂之先公閔公非陽虎之所得正也是非爲宗廟之禮者曰從祀先公云爾

盜竊寶玉大弓

寶玉大弓者何夏后氏之璜封父之繁弱魯之分器也古者天子分寶玉于同姓之邦時庸展親諸侯分守之以爲寶焉盜者何陽虎也陽虎何以謂

之盜取非其有也陽虎欲誅季氏不克故如公宮取寶玉大弓以奔齊何以書天子之命器也

九年春王正月夏四月戊申鄭伯蠆卒得寶玉大弓

得者何不求而獲也惡得之陽虎歸諸堤下而得之也何以不目堤下大寶玉大弓也失之書得之書所以爲重者不在地也

六月葬鄭獻公秋齊侯衛侯次于五氏秦伯卒冬葬秦哀公

十年春王三月及齊平夏公會齊侯于夾谷公至自夾谷晉趙鞅帥師圍衛齊人來歸鄆讙龜陰田

鄆前見圍蓋叛而附齊矣讙陽虎之邑虎挾之以

入齊龜陰龜山之陰也三田皆齊之所侵既與我故會而復歸之何以書善公之有以得齊也葉子曰三田之歸左氏穀梁皆謂孔子相夾谷之會退萊兵而齊人以謝過非也夾谷之事匹夫之勇智者所不爲而謂孔子爲之乎始齊以國夏帥師伐我我報而侵之者再自是遂不復交兵及陽虎叛而奔齊請師以伐曰三加必取之齊侯以鮑國之言而止遂執陽虎是時晉政已衰平公不能主諸侯故公德齊叛晉而與之平則齊魯固相與爲好矣是以夾谷會而不盟使齊果有意於得魯則方陽虎之奔因之可以乘其間何舍是不爲而反僥

倖一旦之勝乎孔子在齊十餘年景公欲以尼谿田封之晏子止焉齊大夫蓋有欲害孔子者則齊之君臣固不足以知孔子使其知之必不肯以裔夷之俘行其詐使其不知則何畏乎一言而爲之退乎公羊曰孔子行乎季孫三月不違齊人爲是來歸之吾以此言爲猶近孔子之用於魯蓋未嘗得盡行其志也使孔子而得盡行其志其爲魯者必有道矣何必危其身以要人之所不可必其曰歷階而上不盡一等而視歸乎齊侯與夫優施手足異門而出者皆戰國刺客假之以藉口如言曹沫者曹沫之事尚不足信而況於孔子二氏不能

辨蓋欲尊孔子而反卑之也

叔孫州仇仲孫何忌帥師圍郈

叔孫州仇吾大夫之三命者也郈叔孫氏之邑也邑不言圍此何以言圍以公之不能正郈也叔孫成子初欲立武叔公若藐固諫不可武叔立以公若爲郈宰而使侯犯殺之弗能其圉人殺公若侯犯以郈叛於齊有叔孫氏之彊而後南蒯得以肆其惡以國爲有攻焉則不至於是也

秋叔孫州仇仲孫何忌帥師圍郈宋樂大心出奔曹

宋公子地出奔陳

公子地宋大夫之三命者也

冬齊侯衛侯鄭游速會于安甫叔孫州仇如齊宋公之弟辰暨仲佗石彄出奔陳

辰景公之母弟也仲佗石彄宋大夫之三命者也暨強也景公嬖桓魋而與其母兄公子地爭辰敎地使出奔避公以爲禮而公弗止辰爲之請而公弗聽辰曰是我欺其兄也乃強仲佗石彄奔陳以要公以景公爲不能兄也故目弟

十有一年春宋公之弟辰及仲佗石彄公子地自陳入于蕭以叛

蕭宋邑也辰自陳入于蕭將以正桓魋也仲佗石彄與公子地從辰入蕭則非強也故言及何以言

三百五十八

叛要君也其猶以弟目之宋公之爲也

夏四月秋宋樂大心自曹入于蕭

何以不言叛從叛人則叛可知矣

冬及鄭平叔還如鄭涖盟

叔還吾大夫之三命者也

十有二年春薛伯定卒夏葬薛襄公叔孫州仇帥師墮郈

墮者何毀其城也葉子曰左氏言仲由爲季氏宰將墮三都然歟非也三家之強久矣昭公欲殺季氏無以爲之謀至於失國春秋未嘗與焉今仲由陪臣而季氏之隸也夫安得墮其主邑而併二都

得以治之乎或以爲孔子爲政於魯而以命仲由方是時三家猶彊孔子雖爲司寇而未嘗得行其志正使爲之亦有道矣何至以家臣謀其主反使不服而犯上此豈孔子之術哉以吾考之自陽虎叛季孫氏叔孫氏皆屈於家臣故南蒯不得意於意如則以費叛侯犯不得意於州仇則以郈叛墮郈墮費二氏自爲計而欲去其險爾是以郈帥師主州仇費帥師主斯公山不狃叔孫輒帥費人襲魯蓋懼二氏之討已而先之夫何有於仲由此亦尊孔子而反卑之者也

石林先生春秋傳卷第十九

後學　成德　校訂

巴陵鍾謙鈞　重刊

石林先生春秋傳卷第二十

葉　氏

定公二

衞公孟彄帥師伐曹

公孟彄衞大夫之三命者也

季孫斯仲孫何忌帥師墮費秋大雩冬十月癸亥公會齊侯盟于黄十有一月丙寅朔日有食之公至自黄十有二月公圍成公至自圍成

内不書至此何以書至危公也成黨季氏以逐昭公復結齊以救季氏卑公室而犯其君於二氏爲尤甚郈費各叛其主故二氏皆自爲之謀矣成獨

未嘗叛則墮成非季氏之欲也故公斂處父以爲無成是無孟氏子僞不知我將不墮公於是自圍成家臣而叛其主固已彊矣陪臣而叛其君彊孰甚焉以公爲危矣内書至惟桓會戎于唐與此而二蓋視之猶夷狄然

十有三年春齊侯衛侯次于垂葭夏築蛇淵囿

有鹿囿矣又築郎囿焉有郎囿矣又築蛇淵囿焉

大蒐于比蒲衛公孟彄帥師伐曹秋晉趙鞅入于晉陽以叛

晉陽趙鞅之邑也荀寅士吉射謀作亂鞅據其邑以逐君側之惡人焉此家邑也何以言入逆辭也

以其入之道爲逆也何以謂之叛以地要君非君命而擅興師則是叛者也

冬晉荀寅士吉射入于朝歌以叛

荀寅士吉射皆晉大夫之三命者也朝歌晉之邑也

晉趙鞅歸于晉

荀寅士吉射奔則鞅釋兵而復其位矣此叛者也何以言歸順辭也以其歸之道爲順也葉子曰春秋之責臣子可謂嚴矣昔者太甲立而不明伊尹放諸桐三年復之孟子曰有伊尹之志則可無伊尹之志則篡鬻拳諫楚子弗從臨之以兵懼而從

之鬻拳曰吾懼君以兵罪莫大焉遂自刖君子以
爲愛君人臣之事君有不幸不得道其常如伊尹
鬻拳者雖其志不失爲愛君然要不可爲天下法
是故鞅之事雖逐寅吉射而晉少安不得爲不忠
然據邑而有其地專兵而有其權亦不得爲晉之
道君子將與之則亂臣賊子必有假之以劫其君
不與之則惡人在君側而大臣不能正國終無與
爲者也是以治其始則正之以名而書叛原其終
則察之以情而書歸使逆順兩得其道而不相廢
則泣經事者不失其宜遭變事者不失其權矣故
以鞅一見法焉

薛弑其君比

稱國以弑者衆弑君之辭也其事則史失之矣

十有四年春衛公叔戍來奔

公叔戍衛大夫之三命者也

衛趙陽出奔宋

趙陽衛大夫之三命者也

二月辛巳楚公子結陳公孫佗人帥師滅頓以頓子牂歸

公子結公孫佗人楚陳大夫之三命者也滅國未有言兩國之師者惡楚也楚嘗圍陳以納頓子矣今以陳懟而滅頓爲人而滅者甚於己之滅也

夏衛北宮結來奔五月於越敗吴于檇李吴子光卒公會齊侯衛侯于牽公至自會秋齊侯宋公會于洮

天王使石尚來歸脤

石尚王之上士也脤祭肉也古者以脤膰之禮親兄弟之國腥曰脤熟曰膰前未有言歸脤者此何以書善王命也自王季子來王命不復加於魯矣見天子所存猶有祭與號也

衛世子蒯聵出奔宋衛公孟彄出奔鄭宋公之弟辰自蕭來奔

見辰不見公子地仲佗石彄以景公爲不可正而辰獨去之也故終以弟言之

大蒐于比蒲邾子來會公

來會會于比蒲也諸侯相見於郤地曰會蓋約信以命事焉蒐而會之非禮也會公云爾

城莒父及霄

秋而城畏晉也以莒父及霄小大之辭也葉子曰是歲無冬蓋定公至是而終矣定公之立以季氏故元年不書正月自二年而書正月不得已而與之正也然定公終不可以爲正故於其終復去一時其始無正言其不得受之於王也其終無冬言其不得承之於天也桓公之罪大故絕其二時因其聘與朝而正焉定公之罪小故絕其一時其在

人者無所與責也則正其終而已

十有五年春王正月邾子來朝鼷鼠食郊牛牛死改卜牛

不言所食食非一也不敬之道甚於食角也

二月辛丑楚子滅胡以胡子豹歸夏五月辛亥郊

五月何以郊五十而從也五卜強也

壬申公薨于高寢

諸侯有大寢有小寢高寢非正也

鄭罕達帥師伐宋

罕達鄭大夫之三命者也

齊侯衛侯次于渠蒢邾子來奔喪

喪何以言奔急事也禮非天子父母之喪不奔見星而行見星而舍日行百里謂之奔諸侯而奔喪非禮也

秋七月壬申姒氏卒

哀公之妾母也何以不言夫人薨哀未成君未致之爲夫人也非夫人則何以書卒哀已君也

八月庚辰朔日有食之九月滕子來會葬丁巳葬我君定公雨不克葬戊午日下昃乃克葬辛巳葬定姒定姒者何未致之爲夫人則繫之定也未致之爲夫人何以得繫之定哀公將致之則不以妾母葬之也曾子嘗問於孔子曰並有喪如之何何先何

後子曰葬先輕而後重其奠也先重而後輕禮也

定姒後公葬非禮也

冬城漆

不時也

哀公一

元年春王正月公即位楚子陳侯隨侯許男圍蔡鼷鼠食郊牛改卜牛夏四月辛巳郊秋齊侯衛侯伐晉

冬仲孫何忌帥師伐邾

二年春王二月季孫斯叔孫州仇仲孫何忌帥師伐邾取漷東田及沂西田癸巳叔孫州仇仲孫何忌及邾子盟于句繹

此伐邾三卿也何以不言季孫斯季氏彊也古者
唯天子三公不與諸侯盟列國之卿當小國之君
畢邾子而不與盟以季孫斯爲僭也
夏四月丙子衛侯元卒滕子來朝晉趙鞅帥師納衛
世子蒯聵于戚
納者何與其納也君薨矣蒯聵何以稱世子明正
也輒不得受命於王父則蒯聵之世其國者正也
葉子曰左氏載蒯聵使戲陽速殺南子之事然歟
非也子路嘗問於孔子曰衛君待子而爲政子將
奚先子曰必也正名乎名不正則言不順推而下
之至於民無所措手足使蒯聵果欲殺南子則弑

母之賊也安有弑母之賊許之以繼世而謂之名正而言順乎是故夫子不爲衞君子貢固知之矣蓋蒯聵始以南子召宋朝聞宋人之歌而醜之其歸必有正南子者而南子愧焉故欲加之罪誣以殺己爾戲陽速附之者也左氏不能辨遂以爲實公羊不知其事而妄意之乃以輒爲受命於靈公而爲不以父命辭王父命之説夫靈公卒南子欲立公子郢爲太子以爲君命郢辭曰亡人之子輒在靈公未嘗立輒也此亦左氏之言從公羊之説固不可以爲訓以左氏爲正則輒非靈公之所立亦安得爲受命於王父乎

秋八月甲戌晉趙鞅帥師及鄭罕達帥師戰于鐵鄭師敗績

趙鞅以兵車之旆先陳而會鄭師故以趙鞅及罕達言鞅之主戰也

冬十月葬衛靈公十有一月蔡遷于州來蔡殺其大夫公子駟

公子駟蔡大夫之三命者也楚圍蔡以報柏舉之役蔡人辨男女以聽命楚使遷於江漢之間而還蔡以駟謀復請於吴以遷州來而不果吴人將襲之乃殺駟以說吴公子駟之死罪累上也故以國殺

三年春齊國夏衛石曼姑帥師圍戚

石曼姑衛大夫之三命者也此石曼姑之師也何以先齊國夏不使子加於父也何以不言衛戚不外戚於蒯聵也

夏四月甲午地震五月辛卯桓宮僖宮災

桓宮僖宮桓公僖公之宮也曷爲以謚舉之遠也遠則何以不毀三家之爲也禮諸侯五廟自襄數之至成於太祖之廟爲五三家皆出於桓及僖而始大是以存而不毀三家之私也何以不言及尊相敵也

季孫斯叔孫州仇帥師城啓陽

以夏而城畏晉也定公城中城矣又城莒父及霄城漆哀公城啓陽矣又城西郛城毗城邾瑕蓋莊宣二君而書城者各一隱桓文成四君而書城者各再至襄以來求於城者始亟襄一君而城者四魯未有如是數也及定哀之閒而書城者七則定哀守其國者如是而已

宋樂髡帥師伐曹

樂髡宋大夫之三命者也

秋七月丙子季孫斯卒蔡人放其大夫公孫獵于吳

公孫獵蔡大夫之三命者也以人放者放有罪之辭也州來之役以公子駟不即遷既殺駟以說吳

獵復放于吳皆有累於駟者其事則史失之矣

冬十月癸卯秦伯卒叔孫州仇仲孫何忌帥師圍邾

四年春王二月庚戌盜殺蔡侯申

盜賤者也何以不言弒其君賤者不得列於君臣也

蔡公孫辰出奔吳

公孫辰蔡大夫之三命者也

葬秦惠公宋人執小邾子

稱人以執非伯討也其事則史失之矣

夏蔡殺其大夫公孫姓公孫霍

公孫霍蔡大夫之三命者也蔡侯之弒春秋書盜

而左氏以爲大夫公孫翩大夫不得言盜非是其事史失之矣公孫辰與姓霍蓋盜黨蔡於是逐辰而殺二人公孫姓公孫霍之死罪累上也故以國殺

晉人執戎蠻子赤歸于楚

楚人圍蠻蠻氏潰出奔於晉楚人以師臨上雒索於晉曰晉楚有盟好惡同之不然將通於少習以聽命晉人於是執戎蠻子而歸於楚若京師然然非伯討也故以人執赤何以名不返也

城西郛六月辛丑亳社災

亳社商社也古者天子必存亡國之社屋其上而

柴其下以爲廟屏戒魯何得有亳社周公之賜也
秋八月甲寅滕子結卒冬十有二月葬蔡昭公葬滕
頃公
五年春城毗夏齊侯伐宋晉趙鞅帥師伐衛秋九月
癸酉齊侯杵臼卒冬叔還如齊閏月葬齊景公
閏月不書此何以書著喪禮也以月計者數閏以
年計者不數閏葬者計月不計年以景公葬爲得
節一見正也
六年春城鄆瑕晉趙鞅帥師伐鮮虞吳伐陳夏齊國
夏及高張來奔叔還會吳于柤秋七月庚寅楚子軫
卒齊陽生入于齊

陽生齊景公之世子也何以言入逆辭也景公欲廢陽生而立荼陳乞不能爭既僞許之而立荼矣景公死陳乞復詐國人立陽生而弑荼陽生雖得立而立之道則逆也

齊陳乞弑其君荼

陳乞齊大夫之三命者也殺荼於駘者朱毛也曷爲以陳乞主弑荼陳乞之所君也既召陽生則荼雖欲存而不可是以不嫌於免朱毛而陳乞之罪不可以不正春秋之義也

冬仲孫何忌帥師伐邾宋向巢帥師伐曹

向巢宋大夫之三命者也

七年春宋皇瑗帥師侵鄭

皇瑗宋大夫之三命者也

晉魏曼多帥師侵衛

魏曼多晉大夫之三命者也

夏公會吳于鄫秋公伐邾八月己酉入邾以邾子益來

入邾者伐邾而入也何以不言公諱之也師入邾處其公宮與吳入郢之師何擇焉以公爲一閭間也

宋人圍曹冬鄭駟弘帥師救曹

駟弘鄭大夫之三命者也

八年春王正月宋公入曹以曹伯陽歸

此滅曹也何以不書滅惡宋公也曹文之昭也武王殺紂立武庚武庚叛復立微子於宋以代商後曰崇德象賢統承先王賔之弗臣曹伯雖失德然於宋未有罪也宋以向巢伐之固已過矣既又圍之歷三時而卒入焉虜曹伯歸而殺之遂以滅曹君子以宋爲忘武王之德矣故書其始入不書其終滅不使曹得滅於宋也虢未滅而虞師晉師先書滅夏陽罪在滅者也曹已滅而宋公不書滅罪在滅之者也

吴伐我

何以不言鄙至於城下也初鄫人道吳師以克武城遂自蠶室庚宗次於泗上微虎欲宵攻吳吳人行成始爲城下之盟而還以我爲恥也

夏齊人取讙及闡

外取内邑不書此何以書賂也公前入邾固非道矣至是猶未釋也邾齊之出將爲之伐我焉故公賂二邑以求免於是歸邾子益葉子曰讙闡之事吾何以不證於左氏而證之穀梁歟陽生娶於季氏非内女不書則有之矣而齊以季姬故來伐我及我與齊平則不得不見經也而皆不書且季魴侯之罪使公治之而齊罷婚可矣公何罪而受伐

焉男女之别人倫之大也誠以有罪來討亦安可以賂而復合又從而雙之非人情也若曰以執邾子而取邑釋邾子而歸邑則春秋之世所應有故公羊亦云吾是以知穀梁之爲近實也

歸邾子益于邾

諸侯虜而返未有言歸者此何以言歸與内也我既與吴盟故釋邾子而返之其言歸何易辭也我脅於吴而聽焉則其歸爲易也

秋七月冬十有二月癸亥杞伯過卒齊人歸讙及闡

此其爲賂也曷爲歸之邾子歸也何以不言我其與之聦其歸之聦不可以我見也

九年春王二月葬杞僖公宋皇瑗帥師取鄭師于雍丘

師未有言取者此何以言取不正其以詐乘人而盡獲之也雍丘宋邑也皇瑗圍鄭師每日遷舍壘合鄭師哭鄭罕達救之不克大敗宋於是取鄭師唯使能者無死以郟張與鄭羅歸則鄭之免者無幾矣

夏楚人伐陳秋宋公伐鄭冬十月

十年春王二月邾子益來奔公會吳伐齊三月戊戌齊侯陽生卒夏宋人伐鄭晉趙鞅帥師侵齊五月公至自伐齊葬齊悼公

葉子曰諸侯弒而以疾告春秋從而書卒見於左氏者三吾信其一不信其二吾豈苟然哉楚麇之弒見於圍之行事而慶封亦言之此吾之所信也鄭髡頑之弒吾既言之矣齊陽生之弒吾亦未知其說夫弒君之惡亦大矣自非亂臣賊子欲篡而爭國則必彊宗大家挾權專政而肆其虐今陽生左氏不言其故直曰赴于吳師而已未見陽生取弒於齊者也其赴於吳以爲同好而告之邪則兵方交非以爲好也將畏吳而求說邪吾既卒能敗之何懼而遽弒君乎吳子三日哭於軍門之外以爲恤其災而哀之邪則宜不伐喪而返也將必自

海而伐之則何爲而哭乎既無當於人情而齊未有討弑君之賊者春秋乃書葬則陽生固未嘗弑也姑以爲從赴告則非春秋之法此吾之所不信者

衞公孟彄自齊歸于衞薛伯夷卒秋葬薛惠公冬楚公子結帥師伐陳吴救陳

十有一年春齊國書帥師伐我

國書齊大夫之三命者也此猶吴之言伐我也冉求之師入齊軍孟孺子奔齊人從之遂涉泗冉求之師獲齊師甲首八十齊師乃宵遁則至於城下矣是非我之所恥也

夏陳轅頗出奔鄭

轅頗陳大夫之三命者也

五月公會吳伐齊甲戌齊國書帥師及吳戰于艾陵齊師敗績獲齊國書

公會吳伐齊齊人不服國書將中軍皆欲死戰故以國書及吳言齊之主戰也獲國書死於敵也

秋七月辛酉滕子虞母卒冬十有一月葬滕隱公衛世叔齊出奔宋

世叔齊衛大夫之三命者也

十有二年春用田賦

賦軍賦也古者自甸而上有軍賦戎公作丘甲其

厲民固已甚矣用田賦則凡受田者皆有賦雖井猶不免焉用者何賦不以田用田而賦舉丘之賦而加之田非正也於是季孫肥使冉有訪於孔子子曰君子之行也度於禮施取其厚事舉其中斂從其薄如是則丘亦足矣若不度於禮而貪冒無厭則雖以田賦將又不足且季孫若欲行而法則周公之典在若欲苟而行又何訪焉弗聽子曰季氏富於周公而求也爲之聚斂而附益之小子鳴鼓而攻之可也其是之謂歟

夏五月甲辰孟子卒

孟子者何昭公之夫人也何以不曰夫人昭公取

於吳諱取同姓也古者取妻不取同姓買妾不知其姓則卜之所以別男女也諱取同姓則何以謂之孟子疑辭也若宋女然何以不言薨疑其爲夫人則不可以言薨也葉子曰吾何以知孟子之爲宋姓歟記曰魯春秋去夫人之姓曰吳其死曰孟子卒孟子云者魯人之辭也宋魯婚姻之國故因之以爲稱春秋從而不革史也其書吳則義之云爾孔子所以爲法受過焉是以陳司敗嘗問於孔子曰昭公知禮乎子曰知禮陳司敗曰君取於吳爲同姓謂之吳孟子君而知禮孰不知禮子曰丘也幸苟有過人必知之

公會吴于橐皐秋公會衛侯宋皇瑗于鄖宋向巢帥師伐鄭冬十有二月螽

十有三年春鄭罕達帥師取宋師于嵒

師未有言取者此何以言取不正其以詐乘人而盡獲之也嵒宋鄭之隙地也鄭人城嵒以處宋之叛族向巢伐而圍嵒鄭罕達復圍之宋以桓魋救其師罕達徇其師曰得桓魋者有賞魋遁而歸鄭於是取宋師獲其二大夫以六邑爲虛則宋之免者無幾矣

夏許男成卒公會晉侯及吴子于黄池

會未有言及者此何以言及會兩伯之辭也吴何

以謂之伯進吳子也吳子與晉會黃池晉侯問師故吳子曰天子有命周室卑弱貢獻莫入上帝鬼神而不可以告無姬姓之振也今君將不長弟以力征於一二兄弟之國孤欲守先君之班爵用親聽會晉侯以其僭王稱使復命曰周室既卑諸侯失禮於天子孤以下無所逃罪今君掩王東海以淫名聞夫命圭有命固曰吳伯不曰吳王諸侯是以敢辭君若無卑天子以干其不祥而曰吳公孤敢不順從君命長弟吳子許諾辭尊稱居卑稱乃退而會吳先歃晉侯亞之吳遂以伯君子以是進吳子也何以先晉侯不使吳子得主中國也葉子

曰吳楚皆習夷狄者也吳晚見春秋抑之常甚於楚楚屢會中國以長諸侯皆不免於貶雖莊王之賢不得一以伯稱吳自季札之聘柏舉之戰僅得以爵見然與中國會未嘗不殊惟一見於戚者下與鄫人齒而已今夫差胡爲遽許之以伯哉蓋莊王之會欲以強奪諸侯而陵晉夫差之會欲以禮尊天子而責晉從莊王之義則夷狄必至有中國從夫差之義則夷狄必能尊中國此其所以異也夫差之志雖未必然而春秋之義蓋以其道不以其人故曰苟以是心至斯受之而已矣

楚公子申帥師伐陳

公子申楚大夫之三命者也
於越入吴秋公至自會晉魏曼多帥師侵衛葬許元
公九月螽冬十有一月有星孛于東方
記異也何以不言次旦見也
盜殺陳夏區夫
夏區夫陳大夫之三命者也
十有二月螽
十有四年春西狩獲麟
西國之西也孰狩之公也何以不言地不使麟得
爲地有也何以不言公不使麟得爲公獲也公狩
而叔孫氏之車子鉏商獲麟以爲不祥以賜虞人

孔子觀之曰麟也然後取之於是感而作春秋何感焉麟仁獸也有王者則至無王者則不至麟不至而狩獲之子曰吾道窮矣此春秋所以感麟也故以是始亦以是終葉子曰春秋以獲麟爲終始吾既言之矣四靈王者之物也然易以乾言聖人之進退而六爻皆取象於龍其在初六曰潛龍勿用楚狂接輿比孔子於鳳而歌曰鳳兮鳳兮何德之衰也是四物者皆聖人以爲類則麟非孔子以自說者歟龍非時而隱謂之潛鳳非時而出謂之衰則麟非王者不見而人獲之固麟德之衰也孔子伐木於宋削跡於衞窮於商周阨於陳蔡其亦

出非其時而人以爲不祥者歟道之廢興君子之用舍天也孔子蓋自任之矣故曰文王既沒文不在兹乎又曰如有用我者吾其爲東周乎然求之天下而卒不得則天宜無意於斯也是以不復夢見周公則知其衰鳳鳥不至則知其已及顔淵死曰天喪予子路死曰天祝予此麟之獲所以爲吾道之窮也春秋有闕一時而不書者矣有闕二時而不書者矣此責之於時君者也未有闕三時而不書者焉獲麟而闕三時不書其意若曰春秋吾以無王而著一王之法者也天下之所宗者王也王之所承者天也王者既不作則所謂承天者終

何以見乎此其所以獨以春首時而不書王正月一見獲麟而闕其三時非明王者之事而盡天人之道者未足與言也

石林先生春秋傳卷第二十

後學　成德　挍訂

巴陵鍾謙鈞重刊

先祖左丞著春秋讞攷傳三書自序云自其讞推之知吾之改正爲不妄也而後可以觀吾攷自其攷推之知吾之所擇爲不誣也而後可以觀吾傳是以併刊三書於南劒郡齋開禧乙丑歲九月一

日孫朝散郎權發遣劒南州軍州兼管内勸農事
筠　謹書

校勘鄉貢進士方　應

右春秋讞攷傳三書石林先生葉公之所作也自熙寧用事之臣倡爲新經之説旣天下學士大夫以談春秋爲諱有年矣是書作於絶學之餘所以闢邪説黜異端章明天理遏止人欲其有補於世教爲不淺也公之閒孫來守延平出是書鋟木而傳之蓋有意於淑斯人如此學者其勉旃開禧乙丑九月一日校勘文林郎南劒州軍事判官眞德秀　謹書

一百八十二

十八

閒召